中国武术文化的传承与发展

◇李 鸿 著

中国原子能出版社

图书在版编目（CIP）数据

中国武术文化的传承与发展 / 李鸿著 . —北京：
中国原子能出版社，2016.11（2024.4重印）

ISBN 978-7-5022-7647-8

Ⅰ . ①中… Ⅱ . ①李… Ⅲ . ①武术－传统文化－文化
研究－中国 Ⅳ . ① G852

中国版本图书馆 CIP 数据核字（2016）第 274663 号

中国武术文化的传承与发展

出版发行	中国原子能出版社（北京市海淀区阜成路 43 号　100048）
责任编辑	王　青　宋翔宇
责任印制	潘玉玲
印　　刷	北京时捷印刷有限公司
经　　销	全国新华书店
开　　本	710mm×1000mm　1/16
印　　张	13　　字　数　170 千字
版　　次	2023 年 11 月第 2 版　2024 年 4 月第 2 次印刷
书　　号	ISBN 978-7-5022-7647-8　定价：78.00 元

网址：http://www.aep.com.cn　　**版权所有　侵权必究**

前　言

　　武术是中华民族文化遗产的组成部分，它以传统价值观念为核心，集中体现了民族持久而稳定地对传统文化的理想追求。中国武术是中国传统文化的重要一环，是我国民族体育的主要内容之一，是几千年来我国人民用以锻炼身体和自卫的一种方法。武术作为中华民族的传统文化之一，在这许多的传统文化中并未被同化，而是吸收百家之长，在各个不同的历史时期充当着不同的角色，发挥着不同的作用。武术植根于民间，采用多样的形式，含有丰富的内容，具有多样的功能，它符合人们的身心需要。因此，对武术文化进行传承和发展是必然的。

　　本书首先对武术进行介绍，包括武术的基本知识、武术套路与流传门派、武术的起源与发展；其次对武术文化思想包括主要思想及美学思想进行了概述；再次对武术与传统哲学、传统医学、传统美学、古代军事文化等中国传统文化的关系及影响以及中国武术文化的保护和传承进行叙述。最后对中国武术文化教育体系的构建以及中国武术文化传播途径的拓宽进行了探究，包括武术文化教育的存在价值、武术文化教育体系的构建途径、中国武术文化传播的主要途径、中国武术文化传播的策略等。

　　本书作者为浙江财经大学东方学院李鸿，在撰写过程中曾参考和借鉴了许多学者的相关文献和资料，在此表示衷心的感谢！由于作者水平的限制和出版时间的仓促，书中不免出现一些纰漏，在此恳请专家和读者指正，便于以后更正。

作　者

2016 年 9 月

目　录

第一章　走进中国武术

第一节　武术的基础认识

一、武术的概念

武术的发祥地是中国，在中国几千年的文化发展史上，武术经过无数先辈的研讨和锤炼，在中国体育文明中脱颖而出，独树一帜。目前，对武术的定义，体育学界的看法已经比较统一，认为，武术也称为传统武术，主要技术内容是以徒手和器械攻防技击、运动形式为套路和搏斗对抗、且注重内外兼修的中国传统体育。

此外，对于武术的概念还需要着重强调其指导思想与特点。在我国古代朴素的辩证观、系统论、整体观等思想的指导下，武术体现了从人的整体出发这么一个思路。其动作和套路的设计、编排都有其独到的特点，具体表现为以下三个方面：

第一，形神兼备。练武时，不仅有骨骼、肌肉等肢体参与活动，而且要有意念活动，要求意动身随，动作由意识引导，达到形意相合，尽力内蓄。

第二，动静结合。静是养元气、积蓄精力，身的元气由静功来保持。动作静则稳若磐石，动时快且有力。

第三，内外合一。练武既要练外又要练内，练外是指练形体、练技术、

1

练素质，练内指练内脏器官、系统、气血和脉络，从整个人体的结构和功能上进行全面地培育与锻炼，达到外强内壮。

二、武术的内容及组成

（一）武术的内容

武术的主要内容为技击动作，既包含了徒手的技击动作，如摔、拿、踢、打等，也包含了器械技击动作，如劈、刺、撩、击、扫等。方法众多，内容丰富。

根据逻辑学原理，某一事物概念的内涵就是概念所反映的事物的本质属性。技击动作为武术的主要内容，决定了技击即为武术的本质属性，也就是说是武术与其他体育项目相区别的主要特征就是技击属性。在人类文明的发展过程中，世界上的一些其他民族在发展过程中，民族搏击类项目也形成了，且具有技击属性。这些项目不仅仅在于技击属性方面主要区别于武术，而是它们所体现的民族传统文化的不同。武术区别于世界上其他民族技击术的特有属性就是文化属性。因此，武术内容特有的双元属性特征即文化属性和技击属性，是对武术内容的界定。

（二）武术的组成

武术由套路和攻防两部分组成。

1.套路

各种武术的套路，虽然技击作用并不大，但武术的基本组成部分却是套路。身体的力量、耐力、柔韧性、协调性、平衡性、灵活性等，都可以通过套路的锻炼获得。将在下一节中具体介绍武术的套路。

2.攻防

所谓攻防即我打你防，你打我防，只要哪一方防不住就输了。从攻防再延伸出来，就可以去模拟、思考。虚拟对你进行各种攻击的一个对手，你要怎么去防守和反击他，组合这些防守和反击动作，加以一定的力学原理，再把身体的力量及灵活性、协调性等加以配合，这就可以称为一门武术。

中国武术分为竞技武术和传统武术两种。竞技武术为体育运动，由传统武术演化而来。竞技武术又分为套路和散打两种：套路为武术的表演形式；散打又称为散手，是武术的擂台形式。传统武术则是在古代战争和街头打斗的过程中发展出来的徒手和器械格斗术，有打、绊、踢、拿等内容。传统武术，又称为国术，格斗是其本质。传统武术不同于普通的体育运动，体育运动只是一种健身游戏，而传统武术由其格斗本质显示出其是一种生存游戏。武术大师郑雨东认为，传统武术并不属于体育运动的范畴。当然，目前流行的竞技武术是一项体育运动，因为国标武术是表演和竞技性质的，本质上接近于体育。

三、武术的特点及作用

（一）武术的特点

1.具有攻防技击性

最初作为军事训练手段的武术与古代军事斗争紧密相连，显而易见的便是其技击特性。在实用中，其目的在于制服、杀伤对方，为迫使对方失去反抗能力而使用最有效的技击方法。至今，军队、公安队伍中仍采用这些技击术。而今，作为体育运动的武术，是将技击寓于套路运动和搏斗运动中。

在中国武术中，套路运动是一个特有的表现形式。与技击的原形动作相比，不少动作在运动幅度、技术规格等方面有所变化，但是技击的特性，这些动作方法仍保留了。即使由于演练技巧或是编排的需要，不一定具有攻防技击意义的动作穿插了一些，然而就整套技术而言，摔、拿、踢、打、击、刺等诸法仍然是主要的动作，是套路的核心内容。因此，武术是具有明显的攻防技击性的。

搏斗运动则集中地体现了武术的攻防格斗特点。在技击方面，搏斗运动的技击与实用技击基本上是一致的，但是从体育的角度出发，它以不伤害对方为原则，受到了竞赛规则的制约。如在散手中，限制了武术中有些传统的实用技击方法，并且对击打部位和护具作了严格限定。因此，可以说武术的搏斗运动具有很强的攻防技击性，但又区别于实用技击。

2.具有锻炼方法的独特性

在锻炼方法上，中国武术有别于其他体育项目，有其自身的特点，归纳起来有如下四点：

（1）内外相合的高度协调；

（2）刚柔相间的劲力方法；

（3）运气调息贯注动作；

（4）气式连贯的整体意识。

3.具有练习的广适性

武术具有丰富多样的内容和练习形式，且不同的形式和内容都有与之相适应的各种练功方法。其运动风格、动作结构、技术要求和运动量不同，分别适应不同性别、年龄、体质、职业的人的锻炼需要，人们可以根据自己的兴趣爱好和自身条件进行有选择地练习。同时，不受季节、时间的限制，场地器材也可以因陋就简。对于开展群众性健身活动来说，这种广泛的适应性给武术的推广创造了有利条件。

（二）武术的作用

1.强身健体，防身自卫

长期坚持武术锻炼能有效地增强体质。武术套路运动动作包含着回环、屈伸、平衡、跌扑、跳跃、翻腾等，人体各个部位几乎都要参加运动，对武术进行系统地训练，对人体灵巧、柔韧、速度、力量、耐力等身体素质都有较高的要求，人体各部位"一动无有不动"，几乎都参与运动。武术中的各种拳法、腿法等对柔韧性以及爆发力都有较高地要求，特别是各关节较大地活动范围，对韧带以及肌肉有很好的锻炼作用。武术包含多种身法动作，如收放、拧转、俯仰等，要求"手眼相随""手到眼到""步随身行、身到步到"，对协调性的要求比较高；往往由几十个动作组成一个整套动作，并要求在限定的时间内完成，对速度和耐力都有很高的要求，所以能全面发展身体的各个器官系统。

通过武术拳打、脚踢、快摔等动作的套路运动和搏斗练习，学会扬长避短。避彼锋芒、攻彼弱点，讲究得时、得机、得势，从而对判断力和应变能力进行提高。这无疑使人们克敌制胜和防身自卫的本领得到提升。尤其对边防指战员和公安武警更有作用以及实际意义。

2.锻炼意志，培养品德

练武也是多方面地考验意志品质。对基本功进行练习，是对疼痛关地不断克服，磨练"冬练三九、夏练三伏"，要有持之以恒、坚持不懈的意志品质。对套路进行练习，要对枯燥关进行克服，培养砥砺精进、吃苦耐劳、永不傲娇的品质。遇到强手时，要对消极逃避关进行克服，锻炼坚韧不屈、勇敢无畏的战斗意志。经过长期锻炼武术，可以培养顽强、刻苦、坚持、果敢、勤奋、勇于进取、虚心好学的意志品德和良好习性。

在武术教习全过程中，要贯彻"教武育人"，"未曾学艺先学礼，未曾习武先习德"，传统中武德始终是习武教武的先决条件。在中国几千年绵延的历史中，武术一向重礼仪、讲道德、"尚武崇德"，诸如尊师爱友、互教互学、以武会友、切磋技艺、见义勇为、讲礼守信、不凌弱逞强等品德。中国武术传统道德观念完美地体现在激烈的攻防技术和人生修行的结合。在社会的发展中，关于武德的规范和标准也不尽相同，尚武而崇德既能很好地陶冶情操，又有益于社会精神文明的建设。

3.交流技艺，增进友谊

武术运动技理相通，蕴涵丰富，入门后，"艺无止境"之感便会油然而生。群众性的武术活动，便成为人们交流思想、切磋技艺、增进友谊的桥梁。随着武术在世界范围内的广泛传播，对于国外武术爱好者的交流还可大大促进。许多国家武术爱好者对于武术套路比较钟爱，对于武术散手也非常喜爱，他们通过练武对中国文化有所了解和认识，加大了探求东方文明的欲望。武术通过文化交流、体育竞技等方式，在与世界各国人民友好交往中发挥的作用越来越大。

第二节 武术套路与流传门派

一、武术套路

武术套路是一连串含有技击和攻防含义的动作组合，一般由4段或6段组成，应有起势与收势，属于"演法"，旧时称"套"或"套子"。作为武术运动的一种表现形式，套路也是区别于其他武术的一大技术特征。

武术套路是以技击动作为素材，按动静虚实、刚柔疾徐、攻守进退的动作变化规律编成的整套练习形式，分为单练、对练和集体演练[1]。

---

[1] 全国体育学院教材委员会《武术》编写小组.体育院校专修通用教材［M］.北京：人民体育出版社，1991:8.

（一）单练

1.拳术单练

拳术指徒手练习的套路运动。它有很多种类，主要有太极拳、形意拳、八卦掌、长拳、南拳、通背拳、劈挂拳、象形拳、翻子拳、地躺拳等。

（1）太极拳，是一种轻灵的拳术，柔和缓慢。具有呼吸自然、轻灵沉着、心静体松、上下相随、圆活连贯、柔中寓刚、虚实分明、以意导动等特点。主要流派有杨式太极拳、吴式太极拳、陈式太极拳、武式太极拳、孙式太极拳等。

（2）形意拳，或称"心意六合拳""心意拳"，基本姿势为三体式，基本拳法为钻、劈、崩、炮、横五拳，且吸收了龙、虎、马、猴等动物的形象而组成的拳术。具有手脚和顺、身正步稳、朴实简洁、动静分明、动作严谨、快速整齐、稳固沉着、劲力充实等特点。

（3）八卦掌，是一种以掌法变换为内容、以摆扣步走转为主的拳术。具有身灵步活、随走随变、沿圆走转、势势相连、纵横交错、摆扣清晰等特点。

（4）长拳，是华拳、洪拳、查拳、炮拳、戳脚等拳术的总称。具有快速有力、节奏分明、舒展大方、闪展腾挪、窜蹦跳跃、起伏转折、动作灵活多变等特点。

（5）南拳，是流传于我国南方各地拳术的总称。具有手法多变、腿法较少、动作紧凑、刚健有力、靠崩闪转、步法四平八稳、落地生根、身法俯仰吞吐、伴有发声吐气以助发力等特点。

（6）通背拳，亦称通臂拳，是流传于我国北方的主要拳种之一。具有出手为掌、点手成拳、腰背发力、甩膀抖腕、吞叶虚脚、拧腰切髋、放长击远、立抡成圆、大开大合、击拍响亮、发劲冷弹脆快等特点。

（7）劈挂拳，是一种放长击远的拳术。具有长击为主、双臂交劈、斜拦横击、翻滚不息、大开大合、吞吐含放等特点。

（8）象形拳，是结合攻防动作，模仿动物的形态和特长而编的拳术。具有象形取意的特点。

（9）翻子拳，是一种严密紧凑、短小精悍、方法脆快的拳术。具有步疾手快、拳法紧密、往返连环、闪摆取势、迅猛遒劲、上下翻转等特点。

（10）地躺拳，主要内容为跌扑滚翻等地躺跌法，动作难度较大，技巧性较强的拳术。具有顺势而跌、旋即而起、卧地而击、起伏闪避、高翻地滚、一气呵成等特点。

2.器械单练

器械单练是指手持武术兵器进行练习的套路运动，有很多种类，可分为四种：短器械、长器械、软器械、双器械。目前最常用的器械是刀、枪、棍、剑，它们亦是武术竞赛主要项目。

（1）刀术。刀属于短器械，以劈、扎、挂、斩、撩、戳、刺和缠头裹脑等基本刀法为主，并配合各种步法、步型及跳跃等动作构成套路。具有激烈奔腾、雄健剽悍、勇猛快速、紧密缠身等特点。

（3）枪术。枪属于长器械，以拿、扎、拦为主，枪法有挑、云、崩、点、穿、劈、舞花等，配合各种步法、步型及跳跃构成的套路。具有力贯枪尖，走势开展，上下翻飞，变幻莫测等特点。

（4）棍术。棍是长器械的一种，以扫、劈、挑、撩、戳等棍法和把法为主，并配合步法、步型及身法等构成的套路。具有横打一片、勇猛泼辣、梢把并用、气势磅礴等特点。

（2）剑术。剑属于短器械，主要是以点、崩、刺、撩、挂、截等剑法，配合步法及步型等而形成套路。具有身法轻捷、轻快洒脱、刚柔相济、富有韵律、吞吐自如、矫健优美等特点。

（二）对练

对练是由 2 人或多人进行。对于各种武术单练套路中每个动作的技击意义，通过武术对练有助于进一步理解与体会，从而提高运动技术水平。对练要求做到方法准确、动作熟练、配合协调。对练有助于提高运动技术水平，培养机智、勇敢和协作的精神。

武术对练一般分为三种：徒手对练、器械对练、徒手与器械对练。

1.徒手对练

双方运动员在相同拳种的单练基础上，运用各种身法、手法、腿法等，按照防守、还击、进攻的运动规律编排对练套路。例如，擒拿对练是按照逆人体关节而动的原则，利用点、拿、锁、刁、扣、搬等手法进行解脱与擒伏、控制与反控制的练习；长拳对练多包括窜、蹦、滚翻、跳跃、跌扑等动作，演练的风格要求敏捷、快速。

2.武术器械对练

对于武术器械对练，对练双方可持相同器械、也可持不同的器械。不同武术器械对练，其风格也不尽相同。如练剑应突出刚中含柔、轻快潇洒的风格；练朴刀对枪，要勇猛凶悍；练刀时应呈现出快速、刚毅、勇猛的特点；练三节棍进棍的动作时，要求快速紧凑、气势逼人等。

武术器械对练还有匕首进枪、大刀进枪、梢子棍进枪等长、短、双、单不同武术器械对练。

3.徒手与器械对练

运动员一方徒手，另一方手持器械进行攻防对练。套路的编排，多以徒手的一方争夺对方器械的形式出现。如空手夺刀，空手夺枪，单刀对空手枪等。要求持器械的一方熟练掌握器械的性能及其使用方法，徒手的一方则须闪躲敏捷、动作轻巧。

武术对练在技术编排方面有四项基本要求：

（1）招式准确。武术对练套路不是生死搏杀，而是象征性的技击，因此在对练中对于动作的准确性要注意，不要伤害对方击打部位以外的其他部位。

（2）攻防合理。对练防守时必须要根据对方的进攻方法来进行，且在对方做出进攻动作时，才能进行防守和还击。

（3）节奏一致。对练双方在配合时必须要有默契，一招一式，一攻一防，这样的动作才能协调及流畅。

（4）距离适当。对练的过程中肢体动作需要足够的空间才能施展开来，因此要根据实际需要，加以把握对练双方之间的距离。

（三）集体演练

集体演练是指集体进行的徒手、器械或徒手与器械的演练。练习，可采用音乐伴奏，时刻变换队形，要求动作协调一致、队形整齐。

二、武术的流传门派

（一）流传门派的形成

武术讲究流传门派之说，随着技击技术的完善和规范化，逐渐形成武术流传门派。即当技击技术逐渐产生了比较独特的风格特点及稳定的技术结构体系，并有着自己的传承体系时，也就随之产生了流传门派。汉魏年间，剑术就形成了流派的初步形态，曹丕在《典论》中就提到剑术有"四方之法"。于古时习武大多是父子相承，言传身教，轻易不传外姓，因此，大多以习武家族的姓氏来命名早期形成的武术流传门派。明、清是流传门派形成和完善的重要时期。明代戚继光在《纪效新书》中已提到了杨家枪、沙家枪、公棍、猴拳、六步拳、地躺拳、巴子拳、宋太祖三十二式长拳等十六家拳种，而著名的形意拳、太极拳等均于清代成型。

流传门派的形成和发展对武术具有积极的作用。有助于激发及提高习武者的兴趣及爱好和风格各异的技术特点，因此，也就有利于武术的传播和发展。明清武术空前大发展的一个内在原因也在于此。武术的派别之分，虽有不少优点，但也蒙上了一层封建社会的宗派、门户、教门、行帮等色彩，产生了互相排斥、敌对、攻击的现象，对于武术的发展方面来说，这些现象无疑十分有害，要加以摈弃。

（二）流传门派的分类

中国武术的流传门派，大而言之，可分为内家外家、长拳短打、南拳北腿，敞门闭门、阴柔阳刚，等等。

大分类之下的具体流传门派体现在拳种门派的冠名上。拳种名称也体现着中华传统文化的种种因素，诸如敬神、崇贤、尊师、重技以及哲学、宗教等色彩。

（1）纪念开门祖师。如岳家拳，纪念岳飞；太祖拳，纪念宋太祖赵匡胤；戚家拳，纪念戚继光；苌家拳，纪念苌乃周；巫家拳，纪念巫必达等。武术家的个人因素，在拳种名称上已经表现的淋漓尽致了，且不管开门祖师是否真是被纪念者。

（2）托名古代名将。这种冠名方式既表现了武术流传门派创始人崇拜某位古代贤达名将，也表明了其要靠古代名将对于本派声望予以弘扬、甚至弥补本人名气不足的愿望。如关王刀（关羽）、子龙枪（赵子龙）、罗家枪（罗成）、五郎拳（杨五郎）、燕青拳、武松脱铐、宋江拳等。一些人物是小说家杜撰的，因此称之"托名"，如罗成、杨五郎等。一些人物生活在千百年前，那时武术流派也并未形成，传艺也属子虚乌有，如宋江、关羽、赵子龙等。

（3）溯源僧道宗教。由于武术的民俗性和民间性，其对民间宗教有一种自然的交融。由于创始人或主要传人与宗教界的关系，会将一些宗教的理论、学说和修炼方法融进其门派中，如佛家拳、大悲拳、九宫拳、三昧掌、武当太乙五行拳等。从冠名来看，都明确地显示了与某种宗教的关系。

（4）附会神话传说。明确地体现了武术神秘化和传统文化中敬神尊祖的习俗。出于炫耀自家门派来历非凡，而把创始人归于神仙。如二郎拳，是二郎神杨戬的拳术；纯阳拳，指的是八仙之一吕洞宾的拳术；玄女拳指九天玄女的拳术；还有地煞拳、金刚拳等等，不一而足。

（5）暗喻技击法则。如法门、字门、六合门、磨盘门、摺裆拳、十字战、顺步拳等。

（6）明示技击特点。如通臂、劈挂、戳脚、弹腿、地躺、回回肘等。

（7）标注所象之形。这类为象形拳，如蛇拳、鹰拳、鹤拳、猴拳、狗拳、虎拳、龙形拳、螳螂拳、虎鹤双形拳等。

（8）显示古代哲学色彩。如太极拳、八卦掌、无极门、两仪门、八极拳等。

（9）标明流行区域。如关东拳、关西拳、西凉拳、昆仑拳、梅山拳、灵山拳、洪洞通背拳等。

后五类流传门派，在冠名中将创始武术家的个人色彩隐去了，这与创始人个人的性格相关，与流传门派形成之初的客观环境有关。而有一些流传门派是从另一流传门派中分离出来而形成的，往往以技术特点冠名来强调自家独特之处。

武术流传门派独具的特点风格既是本流传门派与别家的区别之处，也是本流传门派优胜于别家之处。如此，各流传门派才得以相辅相成、相得益彰、共同发展、共荣共存。

（三）我国武术主要流传门派

我国历史悠久、幅员辽阔，各地区间风俗民情互有差异，经济文化发展也很不平衡，所以各地区间的武术风格不一、各具特色。武术是一种文化形态，地域等因素不可避免地影响到武术，又由于武术基本属于纯粹的民间文化，所以它没有受到外来文化的影响，一直保留着原始古朴的风貌。中国武术的主要流传门派都是从地域性文化派生出来的，而这些主要流传门派统称为"拳系"，一个拳系中又含有若干拳种。中国武术至少有七大拳系，即少林、武当、峨眉、太极、形意、南拳、八卦。

1. 少林

少林武功起源于古代嵩山少林寺，且因此得名。嵩山少林寺坐落于河南登封市高山少室山五乳峰下，于南北朝时期北魏太和十九年（公元 495 年）创建。

北魏孝明帝孝昌三年（公元 527 年），印度高僧达摩来到嵩山少林寺传授佛教的禅宗，面壁静坐修心 8 年，被尊为中国佛教禅宗的初祖。

达摩等人对我国古代劳动人民锻炼身体的各种动作予以仿效，编成健身活动的"活身法"，传授僧人，用来活动筋骨、锻炼肢体，这即为"少林拳"的雏形。此外，在空暇时间，达摩使用棍、杖、铲、剑等练习防盗护身的动作，后人称之为达摩棍、达摩杖、达摩铲、达摩剑。后来，对于鸟、兽、虫、鱼飞翔腾越之势又予以吸收，一套动静结合的罗汉十八手便创造了。经过历代僧徒们长期综合、演练、充实、提高，一套拳术便逐步形成了，达百余种，武术上总称"少林拳"。

隋末唐初，少林寺方丈出于保护庙宇安全角度着想，从寺僧中选出勇敢灵巧、身强力壮或善于拳击械斗的僧人组成一支专门队伍，形成武僧，开始了严格的、有组织的僧兵训练，操练棍棒，对少林武术的提高与发展起到了很大的作用。

明朝时期，福建九莲山建立的一座少林寺，也因发展少林拳术著名。清灭明后，不少人士对外族统治有不满情绪，削发为僧进入少林寺。达宗和尚与三山五岳英雄结交，创立了佛教洪门，培养和发展洪门弟子，秉正锄奸，而反清复明的思想也被极力鼓吹，南少林寺成为反清复明的大本营。洪门弟子的聚义厅，处处闪耀着精武强兵的刀光剑影，苦练杀敌技击技术与本领。后来由于被叛徒告密，遭到了清兵镇压，寺院被清兵烧毁。

少林派拳术具有刚毅有力、刚中有柔、朴实无华、利于实战等特点，招招式式没有花架子，非打即防。手之出入起落，步之进退，身之收放，皆突出一个"打"字，且一气呵成。

少林拳套路以直线往来为主，始终保持在一条线上进行起落进退等运动。在实战中与对手短兵相接时，因为主要是从侧面或正面进行防守和进攻，所以最为有效的就是直线运动。因此，在对少林拳进行练习时，不受场地限制，有"拳打卧牛之地"一说。

少林拳主刚，"硬"字是其风格主要特征，有攻有防，攻击为主。拳势只求技击的实用，不强调外形的美观。步伐进退敏捷、灵活，有冲拳一条线之说。在出拳与身段上，要求手法曲而不曲、直而不直，一切自如地进退出入。眼法讲究以目视目，步法要求灵活而稳固，运气要气沉丹田。其动作迅如闪电、站如钉立、动如疾风、转似轮旋、跳似轻飞。

少林拳分南北两派，南派重拳，北派重腿，因此有"南拳北腿"一说，每派还分为许多小派。

2.武当

武当山齐名少林寺的嵩山，是道教圣地，自古就有"北宗少林，南崇武当"之说。武当派弟子满腔侠义、名满天下，同门师兄弟之间情义极重。

内家功夫之宗即为武当派。武当派始于宋朝而兴盛于明清。传说，武当派由宋人张三丰所创。据称张三丰精通少林功夫，并对其进行改变、发展，形成了自成一体的武当派功夫。武当功夫具有强筋骨、运气功，强调修炼内功，讲究以柔克刚、以静制动、以意运气、以气运身的特点。武当派轻易不主张主动进攻，然而在受到侵犯时，反击却非同凡响、不可小视。

近代有人将太极拳、形意拳、八卦拳合称为"内家拳"，归宗"武当派"。此外，武当派代表性的拳术还有鹞子长拳、九宫十八腿、九宫神行拳、猿猴伏地拳和武当太乙五行拳，等等。武当派颇高的剑术水平，飘逸潇洒，影响最为深远。武当兵器包括白虹剑、武当剑、六合刀、六合枪、松溪棍等。在长期流传与发展中，太极拳演变出许多支派，影响最大、流传最广的太极拳有杨式太极拳、陈式太极拳、武式太极拳、吴式太极拳和孙式太极拳，以及简化太极拳、四十八式太极拳、八十八式太极拳等套路。

据记载，武当派有王宗、张松溪、吴昆山、叶继美、单思南等一大批著名的武林高手。武当的支派有神剑派、松溪派、龙门派、玄武派、轶松派、北派太极门等。近代的许多内家拳大师的文化素养较为深厚，如孙氏太极拳的创始人孙禄堂、陈式太极拳的创始人陈王庭、形意拳大师郭云深、王芗斋等，他们不仅有高超的武功、极佳的悟性，而且理论素养也很深厚。

3. 峨眉

中土武功的三大宗即为少林、武当与峨眉。峨眉派也是一个范围广泛的门派，在西南一带很有势力，可说是独占鳌头。峨眉派之名得于佛教四大名山之峨眉山。峨眉最初是一个由女子所创的武林门派，叫做玉女拳法，祖师后来入了佛门，又以称女子为"蛾眉"和佛教圣地之"峨眉山"的双重含义而得名。

峨眉派功法介于少林的阳刚与武当的阴柔之间，亦刚亦柔，内外相重，攻防兼具，长短并用。拳经上讲："化万法为一法，以一法破万法。""拳不接手，枪不走圈，剑不行尾，方是峨眉。"总之是以弱胜强，虚实真假并用，融会了少林、武当、南拳等众家之长。

峨眉派武功有"三大器械"——剑法、簪法（峨眉刺）、针法（暗器）；有所谓"静功六大专修功"——虎步功、重捶功、缩地功、悬囊功、指穴功、涅磐功；又有所谓"动功十二桩"——天、地、之、心、龙、鹤、风、云、大、小、幽、冥。峨眉派的绝技，不仅包括三十六式，还有峨眉剑法，其剑歌是这样的：玉女家心妙入神，残虹一式定乾坤，身若惊鸿莺穿柳，剑似追魂不离人，临敌只须出半手，纵是越女也失魂。峨眉派的簪法与剑法，威力十足且姿势优美，也是峨眉的绝技。

4. 南拳

南拳流行于我国南方，是南方各种拳术的总称。于四百多年前的明代产生。相比北方拳派如少林拳，独具风格。

南拳门派繁杂，据统计，南拳拳种流传较广的都不下百余种，拳术套路极为丰富。其中，发展最为迅速的是广东的南拳。影响最大的有蔡家拳、莫家拳、洪家拳、刘家拳、李家拳，号称五大家，其他历史悠久，风靡一时的有佛拳、白鹤拳、蔡李佛拳等。分布在其他省的南拳也大都各成体系，如江西有三大门（字门、法门、硬门），湖南有四大家（巫家拳、洪家拳、薛家拳、岳家拳），湖北有六大门（洪、鱼、孔、风、水、火），福建有狗拳、鹤拳、罗汉拳、王祖拳。

由于南方人普遍身材矮小精悍，动作灵活敏捷，肌肉爆发力强，因此讲究近身短打。南拳的总体风格是势烈、拳刚，多短拳，少跳跃。在进行发力时，大多要吐气催力，呼喝作声，以增强爆发力。

南拳的动作威猛迅疾，紧凑严密，手法灵活，上肢及手型富于变化，体现出以巧打拙、以快打慢、以小打大、以多打少的技击特色。南拳，多用短拳，手法多样，一势多手，体现出"一寸短一寸险"的优势。上肢动作较多，合在胸、背、肩、肘的劲力于一起，再加上腹肌紧缩，气沉丹田，集中全身的劲力于腿部，通过腰部的动作传递到手臂，打出的拳刚劲有力。南拳身体活动范围不大，强调步法沉稳有力，重心较低，要求像扎入地下的大树一样稳固，如"稳如铁塔坐如山"。

南拳中很少用腿，而却有十分丰富的拳法，这与北方武术形成鲜明的对比。北方人身材高大，注重用腿，有很多跳跃的动作。人们形容南派、北派武术时，常用"南拳北腿"来区别。

5.太极

太极拳是中国武术的一种，归类为内家拳。太极拳包括太极拳拳术套路、太极拳器械套路、太极阴阳养生理论、太极推手以及太极拳辅助训练法等基本内容。

太极拳发展至今主要有五大流传门派，即陈、杨、武、吴和孙。新中国成立以后，还创编有二十四式、四十二式、四十八式、八十八式太极拳以及三十二式、四十二式太极剑等。

在技击上，太极拳特点鲜明，别具一格。它讲究以柔克刚，以静制动，避实就虚，借力发力，主张一切从客观出发，由己则滞，随人则活。"彼未动，己先动""后发先至"，将对手引进，使其失重落空，或者将对方力量分散转移，乘虚而入，全力还击。太极拳的这种技击要素，体现在套路动作和推手训练要领中，不仅可以训练人的反应能力、速度和力量等身体素质，而且对攻防格斗训练等方面的意义也十分重要。

太极拳具有以下特点：

（1）舒展大方，刚柔相济。太极拳都是开始于松静，架势平稳，动作不僵不拘，舒展大方，充分体现了一个"慢"字，慢生柔，柔中刚，刚柔并济。

（2）连贯均匀，圆活自然。从起势到收势的整套太极拳动作，不论姿势的过渡转换还是动作的虚实变化，都紧密衔接、连贯一气，明显停顿的地方并看不出。整套练习起来，前后连贯，速度均匀，好像行云流水，绵绵不断，且在上肢动作上要求处处带有弧形，直来直去予以避免，各关节的自然弯曲状态要保持。实践证明，锻炼通过圆形活动来进行，有利于动作的圆活自然，同时也能体现出柔的特点。

（3）内外兼练，协调完整。在练太极拳的过程中，不论是单个动作姿势，还是整个套路，都要求内（意念、呼吸）外（躯干、四肢动作）一体，上下相随，动作由意识引导，即意动身动，手到劲发，协调配合身体各部分，同时随着速度的快慢以及动作幅度的大小，按照开吸合呼、起吸落呼的要求，使自然配合呼吸与动作，从而使全身既完整又协调，身体各部分得到均匀的发展。

太极拳以柔克刚、含蓄内敛、急缓相间、连绵不断、行云流水的拳术风格使习练者的气、形、意、神逐渐趋于圆融一体的至高境界，而其对于武德修养的要求也使得习练者在增强体质的同时对于自身素养予以提高，提升人与社会、人与自然的和谐与融洽。同时，太极拳对身体素质的训练也不排斥，讲究刚柔并济，而非只柔不刚的表演、健身操。

6.形意

形意拳是武术拳种之一。又称"意拳""心意拳""六合拳""心意六合拳"。相传，为明末山西人姬龙凤所创。姬龙凤精于枪法，考虑到在手无兵刃而遭遇不测的情况下依然能防身御敌，因变枪法为拳路，此拳得以创编。形意拳是象形拳种之一，要求象形取意、形意合一。

五行拳是形意拳的主要内容，包括劈拳（金）、钻拳（水）、崩拳（木）、炮拳（火）、横拳（土），十二形拳（模仿十二种动物：龙、虎、熊、鹤、猴、燕、蛇、鲐、鹰、马、鸡、鼍）。由此配合两种拳而编制成套路。具有形神统一、套路严谨、动作简洁、杀伤力强、内部发力大等特点。习拳时内部讲求意、气、力协调，外形上要求头部、躯干、四肢动作统一。之所以又称"六合拳"，是要求"心与意合，气与力合，筋与骨合，手与足合，肘与膝合，肩与胯合，是谓六合"。

清初，山西较为流行形意拳，后河南马学礼学成后回家乡传播。姬龙凤的又一弟子曹继武将此拳传给山西戴龙邦、戴陵邦兄弟，戴龙邦又授于河北李洛能，李洛能又分出一派。因而形成了河南派、山西派、河北派三大流派。

各派技法上也有不同，风格上也互有差异。

7.八卦

八卦掌，又名八卦连环掌、游身八卦掌，以八卦为名，以八卦理论为依据，主要技法为掌法变换和行步走转，是一个分支较多、影响较大、特色鲜明的武术派系。

八卦掌至少有三种起源说法：一是明末清初四川峨眉山碧云、静云两道士所传八卦掌之说。二是清末河北霸县人李振清所传阴阳八盘掌之说。三是清代河北文安县人董海川所传八卦掌之说。这其中，为董海川所传八卦掌之说的条理最为清晰。

八母掌是八卦掌的基本内容，也称老八掌，即单换掌、双换掌、顺势掌、磨身掌、背身掌、翻身掌、三穿掌和回身掌。随着八卦掌的发展与流传，各地内容不尽相同，有以狮、鹿、熊、蛇、鹤、龙、凤、猴八形为代表的，也有用穿掌、挑掌、双撞掌、摇身掌等作为基本八掌的。其中每一掌都可以衍化出很多掌法，素有一掌生八掌、八八生六十四掌之说。

就八卦掌的步法、身形、身法的变化而言，可归纳为"一走，二视，三坐，四翻"为八卦掌的主要特点，即"形如游龙，视若猿守，坐如虎踞，转似鹰盘"，或者"龙形猴相，虎坐鹰翻"。"走"，就是以滔滔不绝的圆形步，使之"形如游龙"，悠然之中不失稳重；"视"，就是要在转身换掌时或转行时，两眼都注视着两掌方向，如猿猴守物那样，机灵之中含着警惕意味，通过眼的注视将这种状态表达出来，使之"视若猿守"；"坐"，就是在转行时，两腿不伸直，采用"坐胯"的方式，在转身换掌时又有"坐桩"的动作，使之"坐如虎踞"，沉着有力；"翻"，就是在转身时必须采取鹞鹰盘旋空中翻身降落的那种洒脱、灵敏之势，使之"转似鹰盘"。

八卦掌的掌法多变，上下翻动如蛟龙。八卦掌步法灵活，旋转似流水。它要求练习者要身捷步灵、舒展大方、娴熟流畅、疾若飘风、舒势绵绵、刚柔并济、避实就虚、随走随变。

第三节　武术的起源与发展

一、武术的起源

追溯我国远古祖先的生产活动，就可以发现中国武术的源头。早在 100 多万年前，生产力极为低下、生产资料异常贫乏，为了生存，人类不得不进行狩猎活动。人类在与禽兽的搏斗中，奔跑、滚翻、跳跃、闪躲、拳打、脚踢等技法逐渐形成了，在生存竞争中能战胜禽兽的特殊手段便是武器的运用。早在 50 余万年前的"北京人"遗址中，便发现了石刀、石锤、骨器等大量原始工具，有的锋刃尚锐。而为广泛使用的器械便是木棍。《吕氏春秋·荡兵》说："未有蚩尤之时，民固剥林木以战矣。"

随着徒手与使用器械技术的经验的不断累积，人类有意识、有目的地对这些格斗技术应用时，就开始萌生了武术，这便是在生存竞争中原始武术的起源。

在原始人类的生存竞争中，人类在与禽兽的搏斗固然是武术萌生的因素之一，而武术的萌生与人类与人类之间的格斗则更有着直接的联系。

新石器时代末期私有制萌发了，为掠夺财产或争夺领地，氏族部落之间不断引起争斗，甚至发生战争，形成氏族部落之间有规模、有计划、有组织的械斗。黄帝与炎帝的战争、黄帝与蚩尤的战争、夏吾伐九黎三苗的战争等，这些古籍的记载都是来自原始部族战争的传说。这些战争有力地促进发展了技击技术以及武器的制作。大量出土的新石器时代的石镞，都表明在原始时代，弓箭是先民极为普遍选择的武器。大量的新石器时代的出土物中，出现了多种石兵器，包括石戈、石镞、石铲、石斧、石枪、石矛、石褪等。《越绝书》说："黄帝之时，以玉为兵。"出于战争的需要，大量互相残杀的武器逐渐由磨制锋利的生产工具所转化，战争中所需的格斗技术以及使用兵器的技艺，就逐渐发展成为一个独立的技术领域。

为了满足原始社会战争的需要，战争操练的武舞出现了，又叫战舞。在进行武舞时，舞者手执各式武器，演练种种击刺动作姿势，具有实战的功利性。据古籍记载，虞舜时期三苗族反叛，尽管舜帝三次战胜，但三苗始终是不降服于舜帝。后来禹带领军队表演手执巨斧与盾牌的"干戚舞"，三苗族看后，终于被威武雄壮的气魄与高超的武功降服。

中国武术的发端，紧密联系原始宗教、教育、娱乐等多位一体的原始文化。巫术、图腾崇拜等形式的原始宗教都常凭借原始的武舞来体现。并且当时人们在狩猎、战争等活动前后，都要通过跳武舞的形式来幻想以这些击刺杀伐的动作来战胜敌人。在原始部落祭祀活动中，图腾武舞为主要内容，以战斗的舞蹈来供奉始祖神物以示崇敬。此外，武舞还兼有教育作用与娱乐作用，是融身体训练和习惯、知识和技能的培养等为一体的多功能的活动。

总之，从中国原始社会的生存生产工具及其搏斗技术，转化到战争的器械及其技术和武舞的整个过程中，可以看出中国武术与原始文化的紧密关系以及发端的脉络。

二、古代武术的发展

（一）商周时期

据商周时期的考古资料记载，当时用于战争的兵种主要有两种：步兵和车兵，而主要作战形式为车战，后来发展为骑马作战。车战与马战的出现，促进发展了弓箭和长兵器。在兵车作战时有着严格的操作规程：当双方兵车之间有着比较远的距离时，使用弓箭对射；而双方之间的距离逼近时，戈、戟、矛等长兵器便派上用场，用来进行格斗刺杀；当马仰车翻弃车，双方近距离进行拼搏鏖战时，则多使用剑、刀、匕首等短兵器。

商代时期的青铜器铸造技术已达到了一定的水平，而当时生产出的青铜武器则主要用于战争。由于普遍使用青铜器具，战场上的武器变得更加锋利、轻便和坚固。统治者开始有目的、有组织的开展搏斗形式的训练与比赛，以期用来提高将士的搏斗力水平。《礼记·王制》记载："凡执技论力，适四方，裸股肱，决射御。"这种训练与比赛形式的出现，不仅提高了将士的搏斗力水平，而且还对广大民众产生了一定的影响，民众开始习练拳械，以为自保。而一个人的拳械技能的水平高低通过搏斗对抗的形式来评价也推动了搏斗技击术的发展。

周朝统治者加强其统治是通过文武兼用，其学校教育不仅包含诗书礼仪，御、射箭、角力（摔跤）等也位列其中。人们有目的、有意识、有组织地进行习武这种形式的社会活动。西周初期，周成王封伯禽为鲁公，并嘱咐他说："尔知为人上之道乎？……有文无武，无以威下。有武无文，民畏不亲。文武俱行，威德乃成。"（《说苑·君道》）这句话的意思是，你知道怎样做好一个国君吗？不掌握武力，只顾文事，是无法维持权威。而若只知用武力镇压，而忽视文教，老百姓便会产生畏惧从而疏远你。只有文武兼备，才能统治好。当时，一年四时，其中三时（季）务农，一时讲武。《礼记·月令》记载："孟冬之月……天子乃命将帅讲武，习射、御、角力。"这句话显示出，每年的冬季时期，周天子就命令将士学习技击术，练习射箭、角力、驾驶战车等。以上记载表明，在西周时期比较普遍的使用"武"字，提倡武力已被列为国策。

在原始文化形态中，舞蹈与武术有一定联系，舞蹈是从技击术中提炼创作的一个表演艺术体系，二者在逐渐发展的过程中开始分化，但在艺术性方面，舞蹈尚未能充分发展，居于重要地位的仍是实用性。所以，在当时的环境下，舞蹈与武术完全分开是不可能的。这个时期的舞蹈和武术，既有实用性，又有健身性、娱乐性，而在舞蹈的组合动作与武术的套路动作中，相似之处更有许多。手执器械的舞蹈，不仅能用于健身，而且征战时还可以用到，这对舞蹈的实战性意义充分地予以了肯定。

商周时期的奴隶主贵族对其子弟的培养极为重视，希望他们能成为精通武技的勇士。周代的礼、乐、射、御、书等"六艺"教育，其中，"乐"中包含着各种"舞蹈"动作，更是兼有技击术的内容；"射""御"都有着大量的武勇教育内容，是车战时最重要的军事技能。"礼"为"六艺"之首，这充分说明在商周时期对礼仪道德的教育和培养已经开始重视，这对武德教育的倡导和武术的发展起到了积极的作用。

（二）春秋战国

春秋战国时期，武术已经发展到了一个新阶段。春秋战国之际，诸侯争霸，攻伐激烈。为争雄称霸，各国对"技击""攀勇"对军队战斗力的影响以及技击术在战场上的应用都很重视。铁制兵器的出现，使铜制兵器逐渐被取代。当时主要有"五刃""五兵""五剑"等兵器，内容大同小异。"五刃"为刀、剑、戟、矛、矢。"五兵"为戈、戟、殳、夷矛、酋矛。在当时，极为盛行剑和弓弩。佩剑、斗剑成一时之风尚；"射"被作为"六艺"之一，射箭高手辈出。进一步发展了使用武器的技术方法。

春秋战国时期，冶炼技术的进步使铜制兵器被铁制兵器所代替；笨重的车战逐渐被步骑兵战所代替。与这些变化相适应的是兵器形制的变化：短兵器由短变长，对于利刃的长处可以更好地发挥；长兵器明显变短，重量减轻，一些拦、劈、扫等技击动作可以更好地发挥。此时，还出现了机弩。由于武器的不断改进和创新，武艺的方法、内容、形式也更加丰富充实起来。人们逐渐认识了武术的体育性质，武术也开始广泛流传于民间。此时，武术已有了"斗剑""相搏"等比赛雏形。武术开始成为人类文化的一个组成部分，成为中国进入文明时代的标志之一。

（三）秦汉三国时期

秦、汉、三国时期正处于中国封建社会的上升时期，政治、文化、经济的发展为武术的多样化发展创造了条件。汉以来，手搏、击剑、角抵等盛行。《汉书·武帝本纪》载："元封三年春，作角抵戏，三百里内皆来观。"可见，群众已经喜欢这种竞技运动形式的活动。随着"宴必兴舞"的习俗，出现了手持器械的舞练形式，如《史记·项羽本纪》记载的"鸿门宴"，项庄意在刺杀刘邦而以助兴为由拔剑起舞的故事，便是这一形式的反映。这一时期，也有许多的武术著作问世。如班固的《汉书·艺文志》兵技巧十三家中，就收入了《剑道》三十八篇、《手搏》六篇；开始出现了武术流派雏形，如在《典论·自序》中，曹王谈到剑术已有"法"，而且各异，便对流派的形成予以证实。在军事地位上，剑逐渐被刀所取代。而在非军事用途上，剑却得到了更大的发展。在这一时期，汉代角抵、相扑以及刀剑之术也开始东传日本。

（四）两晋南北朝时期

在中国历史上，两晋南北朝是民族大融合的时期，也是剧烈动荡的时代。这一时期，由于战乱频繁以及战争残酷的现实促进发展了军事武艺，也对民间武艺的广泛交流有了一定程度上的促进。

两晋兵制继承了汉代"世兵制"，这种制度使包括武艺在内的军事技能成为家传。地方豪强以及世家大族出于自卫或扩大势力的缘由，对地方武装进行积极的发展，坚持常年练兵习武，广泛地推广与普及了武艺，对促进发展武艺方面起到了积极的作用。

南北朝时期，武艺交流、切磋技艺等友好活动也曾在南、北双方展开，这充分反映了双方都非常重视武艺习练。战乱频繁，尚武成为社会需要。

两晋南北朝统治者对佛、道文化非常重视，而武艺与佛、道文化也有着密切的联系。少林寺建寺初期，僧人就有练功习武活动，后来发展为护卫寺院的武僧武装力量。

中国武术的五行生克观、阴阳辩证观以及以柔克刚、以静制动等思想，与道教均来自同一渊源。道教的太极、八卦、五行等理论与武术的技术理论也相一致，武术在一定程度上也汲取了道家养生的思想理论和练习方法，使武术具备了内外功修炼的文化体系，与其他搏斗术相比，这也是武术独特的鲜明特征。

（五）唐宋时期

唐朝人沿袭了隋朝的府兵制，其特点是"兵农合一""寓之于农"。在一般民户中选取府兵，这实际上意味着整个国家的基层都有兵探、武器装备以及习武活动。对于武术的积极发展，这无疑起到了巨大的推动作用。

武举制度的创立，使武术的发展走向更高潮。民间练武的热情大大提高了，这在中国历史上功不可没，使得武术更加规范化、精炼化。武举有马射、马枪、筒射、步射、长垛、穿劄、翘关、负重、材貌、言语等内容。

盛唐时期尚武任侠之风盛行，涌现了一大批游侠少年，同时唐朝武术与文化也结下了渊源，描写武术的唐诗也有很多。如李白的《侠客行》："十步杀一人，千里不留行。"白居易《李都尉古剑》："愿诀直士心，将断佞臣头。"贾岛也在《剑客》中写到的"十年磨一剑，霜刃未曾试。今日把君赠，谁有不平事。"杜甫在《观公孙大娘弟子舞剑器行》中则对剑器舞的奇妙之处进行了详细的描述。由于唐王李世民被少林十三僧所救，佛教界习武更盛，少林武僧也闻名于世。角抵也重新兴起，并且盛况空前。《隋书·炀帝纪》："大业六年春正月丁丑，角抵大戏于端门街，天下奇伎异艺毕集，终月而罢，帝数微服往观之。"对于角抵，唐代的君王大多也喜好，与击鞠、杂戏、飞剑、走索、旱船等作为宫廷娱乐节目一同表演。远射兵器有弩射、弓射、弹丸射、抛石机等。武舞和武术套路也得到了一定程度的发展。

两宋时期民间产生大量的武术结社组织：有城市居民自发形成的武术结社组织，如"相扑社""角抵社""川弩社""锦标社""英略社"，这些社员入社并非为柴米之资而习武，习武是为了练技、强身健体、娱乐休闲；有以乡社为基础的组织，如"忠义社""弓箭社"，在农忙时，这些结社社员以农忙为主，农闲时，结社社员则自发组织起来，习练武术以御贼备战。除了结社组织外，还有一些武术艺人为谋生而专门从事武术表演，他们在瓦社勾栏中表演，以表演费来谋求生活。

对于武术技术的交流与传承，以上种种形式都起到了极大的促进作用。同时，人们也日益重视武术的健身、娱乐、教育表演、竞赛、经济功能。此时，武术已经具备了区别于世界上其他民族技击术的文化属性，并且一定的技术体系也已初步形成。

（六）元明清时期

由少数民族执政的元朝时期，执政者为了防止各族人民（主要是汉族）的反抗，除了强化朝廷习武练兵，对民间习武也是禁止的，并制有禁律，在很大程度上阻碍了武术在民间的发展。不过在元代时期，文艺戏曲很兴盛，其中的武打戏使武术在舞台艺术上的发展到了一个新高度，客观上为明清时期的舞台武术的发展奠定了一定的基础。

明清时期，随着火器的出现并逐渐在军中占得优势，军事武艺与武术逐渐分离开来，武术在更为广阔的民间开花并且结果，从而迎来了武术的集大成发展时期，并在此时期最终形成了武术文化的完备形态。其特征或标志为：

（1）武术套路的形成。尽管"武舞"或"打套子"在明清之前长期存在着，但却从明朝开始正式出现武术套路。至今所见的最早的武术套路图谱仍然是程宗猷在《单刀法选》中所绘制的刀、棍等套路演练步法线路图。中国武术明显区别于世界其他技击术的重要特征之一就是武术套路。

（2）武术拳种流派的形成。中国武术的一大特点就是门派众多、拳种林立，而中国武术拳种流派几乎都发端于明清之际。

（3）内家拳的出现。太极拳、八卦掌、形意拳等内家拳虽然拳理不同、风格迥异，且各自是由何人何时所创都无定论众说纷纭，但毫无疑问的都出现于明清两代。内家拳的一个共同特点就是对于拳理的阐释都直接用了中国哲学理论，且对修身养性极为重视，更全面深刻地反映了中国文化的哲学内涵。

（4）武术内功的形成。武术与气功导引术两种文化现象本来是各自独立存在并行发展的，早先时期几乎并无联系。然而到了明清时期，特别是清代，在民间的秘密结社组织的发展过程中，结合了两者而诞生出了武术内功，从而使中国武术区别于世界其他武技的鲜明特征就是中国武术讲究的"内外兼修"。

（5）对武德的明确要求。几乎无一例外地在明清时期所出现的各拳种的拳谱上都开门见山地对习武者的道德要求进行了记载，甚至在技术层面上，某些拳种也有对武术道德的要求。无论在理论层面上还是技术层面上，中国武术都带有深刻的伦理型文化的烙印。

在明清时期，武术文化的完备形态形成，为后世武术的发展开创了广阔的空间，同时在世界武坛上也确立了中国武术不可替代的位置。

三、近代武术的发展

（一）中西方文化的融合与《中华新武术》

近代中国被鸦片战争的炮火震撼了，"以弧矢定天下"的古老传统被西方的坚船利舰打破了。甲午战败后，带着民族的耻辱，几千年来用于军阵厮杀的武术无奈地退出了战争舞台。20世纪初，武举制终于被清朝废止，试图"西法练兵"，但是对于"国弱民弱"的沉疴仍然难以治愈。

19世纪末20世纪初，对于骑射技术，许多中国人认为其无用，于是有人呐喊"请停弓马刀石武试"，呼吁"今日练兵，非实由西学之必不可耳"，一时间，效法西学练兵成为时尚与舆论。

对于当时全盘西化倾向的现象，孙中山先生提出了尖锐的批评。在"强种保国"的历史潮流中，在体育的、土洋军事的思想碰撞中，以孙中山为代表的革命党人在兴办的军事学校中引进了西方的兵式体操，结合了民族的尚武精神、技击内容与兵操训练。这种中西融合的做法为武术与体操的结合奠定了思想基础。

这种背景下，形成了《中华新武术》。1911年，《中华新武术》由十多位武术名家进行编辑，以传统武术拳技和摔跤术等为素材，借鉴兵式体操的教练方式，采取中西融合的做法，编成了新式武术教本。《中华新武术》具体地将中国武术与西学融为一体，较之一味地西学，更具有民族自尊心与创造性。1911—1918年，对于当时的军警来说，《中华新武术》教材先后被定为必学之术，列为全国各中、高学校正式体操和全国正式体操，由此可以看出《中华新武术》当时在中国有着极大的作用和影响。

（二）武术社团组织纷纷建立

辛亥革命后，各界人士在忧国忧民、"强国强种"思想的倡导下，逐渐重视武术，纷纷建立武术社团组织。北京主要有太极拳家许禹生等于1911年成立的北平体育研究社，此外还有四民武术社、国强武术社等20多家武术社团。上海有霍元甲于1909年创办的精武体操学校，1910年易名精武体操会，1915年重建，最终定名为"精武体育会"，此外还有由吴志清、王一亭、谢强功等于1919年创办的中华武术会等30多家武术会社。南京国民政府于1928年成立中央国术馆，馆长张之江，副馆长先后有李景林、张宪、张树声、钮永键、陈泮岭，馆址设在南京西华门头条巷。于1929年颁布的《中央国术馆组织大纲》规定："中央国术馆以倡导中国武术，增强全民健康为宗旨。"术科课程七科，主要包括腿法、拳术、竞技科、器械科、选修科、特别科和军事科。具体内容包含有太极拳、八卦掌、形意拳、八极拳、新武术、连步拳、劈挂拳、查拳、戳脚等拳术；长兵、短兵、散打、拳击、摔跤等多种搏斗对抗项目；刀、枪、剑、棍、大杆等多种器械。1928年和1933年，南京中央国术馆曾进行了两届"全国国术国考"。在南京中央国术馆影响下，国术馆也纷纷在各省成立，这为武术的竞赛化以及武术人才的培养奠定了基础[1]。

（三）近代武术竞赛活动

1923年，中华全国武术运动大会由许禹生、马良、唐豪等在上海联合发起举办，这是中国武术史和体育史上的第一次武术单项运动会。1924年举行的旧中国第三届全运会，武术套路首次被列为表演赛项目，并按手、眼、身、法、步五项技法，制定了进行评分的简单规则。在1933年和1935年旧中国第5、第6届全运会中，武术都被列为正式比赛项目。这些竞赛活动无疑加快了武术竞赛化的进程。

---

[1] 中国武术大辞典编辑委员会.中国武术大辞典［M］.北京：人民体育出版社，1990：396.

（四）武术论著和学术成果显著

拳谱整理、拳械技击理论、拳术源流考究和拳术普及理论等成果显著。论著包括孙禄堂《八卦拳学》、陈鑫《陈氏太极拳图说》等，其中尤为突出的是姜容樵，其共编著拳械专著二十余种。在武术源流研究方面，唐豪《少林拳秘诀考证》《少林武当考》《内家拳研究》等学术价值较高，他也被誉为现代中国武术史学科的奠基人。

四、现代武术的发展

（一）武术在国内得到普及和提高

中华人民共和国成立后，武术运动迅速发展。1950 年，武术工作座谈会由中华全国体育总会主持召开，积极倡导发展武术运动。1953 年，以武术为主要内容的全国民族形式体育表演及竞赛大会在天津举行。1957 年，武术被国家体委列为体育竞赛项目，并组织整理出版了"简化太极拳"和一大批长拳类拳、械套路。在群众和学校中，这些套路成为普及武术的基本教材，促进了技术规格的统一。1958 年，中国武术协会在北京成立，并于同年起草制订了第一部《武术竞赛规则》，编定了刀、枪、棍、剑、拳五种竞赛规定套路。这极大地推进了武术训练的系统化、规范化和科学化，促进提高了武术运动技术水平。与此同时，在国家体委统一指导下，各种武术组织也在各地相继建立，形成了一个拥有广泛群众基础的武术活动网，极大提高了武术社会化程度。

然而由于组织不健全、经验缺乏等原因，新中国后不久，武术界出现了一些混乱现象。1955 年，在武术运动"整理研究"方针的指导下，武术运动比较谨慎地发展。后来的十年"文化大革命"更是严酷地摧残了武术运动的发展，致使许多流派和拳种出现消退、甚至失传的趋向。与此同时，由于过分追求空中动作和艺术效果，竞技武术在某种程度上破坏了武术的套路结构与风格特点，对于传统武术并没有真正地继承和发展。

党的十一届三中全会给武术运动带来了新的生机。1979年，国家体委发出了《关于发掘整理武术遗产的通知》。随后几年，在对武术的调查研究和挖掘整理中，查明了全国"源流有序、拳理明晰、风格独特、自成体系"的拳种达129个[1]。对于武术事业的继承与发展来说，这项挖掘工作产生了巨大的影响。1982年12月，全国武术工作会议首次在北京召开，这是新中国成立以来最重要的、规模最大的一次武术会议。1994年，"中国武术段位制"由国家体委武术运动管理中心出台，并于1998年正式全面启动。与此同时，关于武术的学术研究也蒸蒸日上。自1987年在北京召开首届全国武术学术研讨会后，这样的研讨会每年都有，极大地促进了武术理论研究，使其广泛而深入地开展。最可喜的是，1996年，国务院学位办公室正式批准体育学设立武术学科专业方向博士学位点。这标志着作为一门学科的武术已迈入学术领域的研究殿堂，作为民族传统体育，它与体育教育专业、体育运动训练专业、运动人体科学专业以及社会体育专业并列为体育学科的五大专业门类。

（二）武术的国际化传播与交流

武术"源于中国，属于世界"，作为我国优秀的民族文化和健身健体方法，已经成为中华民族与世界各国人民沟通的良好载体，成为世界了解中国的一种途径，一扇窗口。随着全球一体化、数字化时代的到来，这种传播与交流日益频繁。这种传播与交流使得人们在快节奏的生活压力下越来越重视武术的天人合一、道法自然的健身、修身理念。

1960年，跟随中国体育代表团的中国青年武术队赴捷克斯洛伐克参加该国第二届全运会"友谊晚会"的表演，揭开了中国武术对外交流的序幕。

---

[1]　蔡仲林，周之华.武术［M］.北京：高等教育出版社，2005：5.

同年，中国武术又随周恩来总理队出访缅甸，圆满地完成了对外交流任务。1974年，中国武术代表团应邀出访墨西哥、美国，在国际上引起了强烈反响。国家体委于1982年12月在全国武术工作会议上提出，"要积极稳步地把武术推向世界"[1]，武术对外推广交流开始有计划地、有步骤地展开。1985年，国际武术联合会筹备委员会在西安成立，随后洲际武术联合会在欧洲、亚洲、非洲、南美洲相继成立，1990年10月国际武术联合会在北京正式成立。1999年6月20日在韩国汉城召开的国际奥委会第109次全会通过决议，对国际武术联合会予以承认。这表明，武术已进入国际奥林匹克运动的大家庭[2]。

［1］ 国家体委武术研究院.中国武术史［M］.北京：人民体育出版社，2003：455.

［2］ 蔡仲林，周之华.武术［M］.北京：高等教育出版社，2005：13.

第二章 中国武术文化的思想

第一节 武术文化的基础认识

一、武术文化的界定

中国最早在《周易·贲卦》中出现"文化"一词："观乎人文，以化成天下。"大意是用人文来教化百姓。在中国这是"文化"的原始提法。"文化"指"以文教化"之意的还有很多，如西汉刘向在《说苑》中曰："凡武之兴，为不服也；文化不改，然后加诛"；西晋束皙在《补亡诗·由仪》中曰："文化内辑，武功外悠"。文武对举，主张都要以文教化，无论是对内还是对外，对不能接受文化的将要用武力去征服。由此可见，古人多偏向于文治，武力则作为文化以外最有效的解决问题的方法。

武术文化这个词汇近些年才产生，随着武术运动的普及与推广以及人们对武术内涵的不断挖掘，人们也逐渐开始意识到武术文化研究的重要性。20世纪 90 年代初，国内学者才提出一些有关武术文化的观点与认识。目前为止，武术文化的概念并没有一个确切的定义，因此只能将国内学者对武术文化定义所给出的一些观点作以梳理，并对武术文化概念作以辨析。

张翠玲认为："它（武术文化）是以武术具体的动作形态为载体，其内容具有哲理性和艺术性，其方法具有科学性的独立完整的文化形态。"[1]

旷文楠等人认为："武术……是一个与外在的文化大环境保持着极为密切的联系和交流，并以这种联系和交流为生存前提的系统结构。当我们将武术视为这样一个文化系统来加以研究和探讨时，我们便称之为武术文化。"[2]

王军认为："中国武术具有哲理性、技击性、健身性、娱乐性等文化特征并与世界体育文化有着密切的联系，同时，它还具有丰富的文化内涵，对大众体育、哲学、美学、医学、语言、文化艺术等世界体育文化已产生了深远的影响，并已逐步形成独立的、庞大的文化体系——武术文化。"[3]

王岗等人认为："武术文化是中国文化的产物，是中华民族几千年来人们所创造的物质文明和精神文明在武术方面的综合反映。它在长期的发展过程中，融汇和汲取了诸多社会领域中的营养，有着丰富的内涵。因而，可以说武术文化是一个以武术为载体的、其内容具有哲理性和艺术性，其方法具有科学性的独立完整的文化体系。"[4]

刘景堂认为："武术文化是中国传统文化的产物，是中国传统文化在武术运动中的集中反映，是中国传统文化思想沉淀的反映。武术文化的理论和行为方式均受中国传统文化思想的制约。它在中国传统文化思想的影响下，有其独特的理论和行为特征。……武术文化的涵义就是以攻防格斗的人体动作为核心的人体文化。在千变万化的人体动作中，反映出人的思想、道德、意识、美感与文明程度。"[5]

由上述可以看出，虽然人们从社会学、文化学、逻辑学、人类学等不同

［1］ 张翠玲.也论中国文化与中国武术［J］.山西高等学校社会科学学报，2001:22.

［2］ 旷文楠.中国武术文化概论［M］.成都：四川教育出版社，1990：2.

［3］ 王军.关于中国武术文化形态及演变的研究［J］.北京体育大学学报，2006:1174.

［4］ 王岗，郭海洲.传统武术文化在武术现代化中的价值取向［J］.广州体育学院学报，2006:75.

［5］ 刘景堂.论中国武术文化在高校体育中的作用［J］.中国成人教育，2005:57.

的学科角度对武术、文化及武术文化的概念进行了论述，但对这些概念的界定并未达成共识，主要有以下几个原因：

（1）一些学者处于人云亦云的状态，缺乏深入的学习与探讨；

（2）武术文化体系较为纷杂与庞大；

（3）历史的车轮始终不会在原地打转，人们也在不断地发生变化，比如在思想观念、价值取向等方面，这些内容的变化使得武术文化绝非一个概念能够界定；

（4）武术本身就是一个动态的文化，处于不断变更之中，任何静态文字的描述，都只能出现在某个特定的历史时期。

因此，准确而完整地界定这些概念就显得十分困难，也难免在某些方面会存在缺陷。因此其内涵只能通过对概念的梳理来认识和掌握。

二、武术文化的三个层面

借用近年来流行的"文化三层次"说，亦可将武术文化形态的结构分为三个层次，即"心理价值层""制度习俗层""物器技术层"（图2-1）。

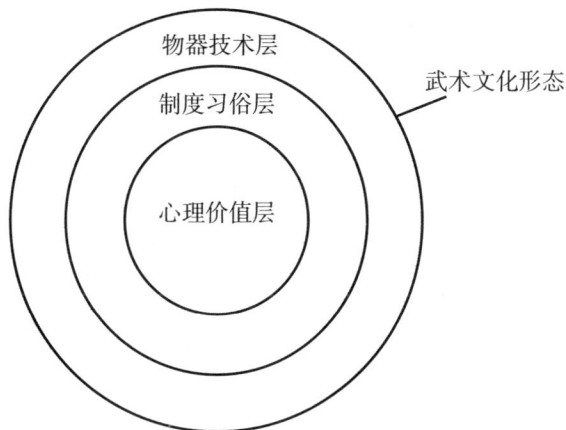

图2-1　武术文化的三个层次

武术文化形态结构层的最内层或最深层就是"心理价值层"。"心理价值层"主要包括武术文化形态所反映体现的民族情感、民族性格、民族心理等内容。至于哲学意义上的超越之源、价值之源，中国文化追到了"天"，这个天代表的只是自然，并非是西方文化中的"理念""上帝"。中国人认为天人合一，所以实际上这种超越是一种"内在超越"，与西方文化的"外在超越"相比，这种"内在超越"有着很大的不同。中国文化表现和展开的是内在超越的"人天关系"，区别于西方文化的外在超越的"人神关系"。无怪乎有人认为，中国武术家终生孜孜以求的目标是人与自然的冥合，也是拳道的最高境界。

武术文化形态结构层相对隐形的中间层是"制度习俗层"，它主要包括武德内容、武术礼仪规范、武术组织方式、武术教授方式、武术承传方式、武术比赛方式等内涵。它表现和展开的是一种人人关系。

武术文化形态的表层结构是"物器技术层"。它是物质文化层面，它主要包括武术练功器具、场馆、服装、武术器械、武术技术等内容。它表现和展开的是一种人物关系。

或许我们还可以用另一套术语来表示这三个层面。

核心层是道与理，中间层是礼与艺，外显层是技与术（图2-2）。

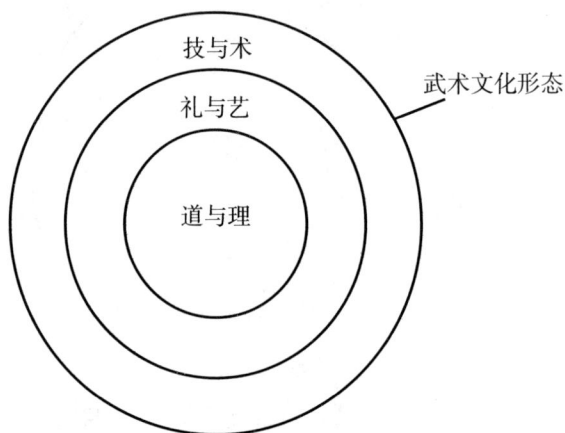

图 2-2　武术文化的三个层次

三、武术文化中的民族精神

武术文化中反映的民族文化基本精神，大致可归纳为以下几个方面。

（一）刚健有为、入世进取的精神

刚健有为、入世进取的精神素来被孔子提倡，他强调"发愤忘食，乐以忘忧"的人生态度，并付诸了实践。《易传》则提出了"天行健，君子以自强不息"的口号。儒家历代之士，无不以"修身、齐家、治国、平天下"自勉，积极进取，奋发有为。在此基础上，"杀身成仁，舍生取义""天下兴亡，匹夫有责"的精神又被提倡。"气节"一直是中华民族崇尚的人生价值准则。锄暴安良、扶弱济贫的行为一直为中国武术所赞扬。武功高超的侠客，以惩恶扬善为己任，更是中国人欣羡的对象，也是古代中国社会的特殊社会角色，由此，世界文学史上所仅见的武侠文学便形成了。中国武林行为的座右铭始终是忧国忧民、匡扶正义，且此座右铭更蔚为爱国主义的传统。古代中国社会不乏许多武林爱国英雄，比如明代少林僧兵抗击倭寇的事迹，更为武林平添了一分荣光。在民间传统武术中流行着许多武术谚语，如"练拳不练功，到老一场空""要练武，不怕苦，要练功，莫放松""冬练三九，夏练三伏""欲学惊人艺，须下苦功夫"，等等。这些谚语不仅是习武人的真实生活写照，更是激励习武人自我培养、吃苦耐劳和自强不息的精神。

（二）厚德载物、崇德重义的武德修养

我国是四大文明古国之一，历史悠久，关于道德修养，自古以来就非常重视与讲究。道德修养是中华民族的优良传统，孔子曾说，他最忧虑的事情

是"德之不修，学之不讲，闻之不能徒，不善不能改"[1]。孔子不仅对"修己以敬"[2]予以强调，而且更是强调"修己以安百姓"[3]"坤厚载物，德合无疆"。"地势坤，君子以厚德载物"大意是说，君子应效法天地那种宽厚载物的禀性，也养成宽厚、兼容的品格。《中庸》中云："致中和，天地位焉，万物育焉。"[4]大意是说，中和境界达到后，天地便各归其位，万物乃生长发育。"仁"是武术文化伦理观念的中心思想，无仁之勇，只能算是匹夫之勇。"仁"的道德范畴极广，宽厚、宽容只是其中的一部分。金恩忠在《少林七十二艺练法》中载少林妙兴大师言："技击之道，尚德不尚力，重守不重攻。"《罗汉行攻短打·序言》中曰"兵刃之举，圣人不得己而为之，而短打宁可轻用乎？故即不得不打，仍示之以打而非打不可之打，而分筋截脉之道出焉。圣人之用心苦也。夫所谓截脉者，不过截其血脉，壅其气息，使心神昏迷，手脚不能动，一救而苏，不致伤人。"充分显示了武术在攻防搏击时仁道、宽厚的精神。

武术文化中的武德修养，主要是指在道德、技艺以及政治等方面所进行的勤奋学习和锻炼的功夫，以及经过长期努力达到的能力和思想品质。同时，也指人们按照一定的武德要求，进行自我教育、自我锻炼、自我改造的过程，以及长期努力后，在道德层面上达到的某种水平和境界。武德教育中蕴含着深厚的民族精神。我们今天所提倡武德的基本原则就是尚武崇德，发扬民族精神。自古以来，武师传艺，总是以崇高武德谆谆告诫学生。"尚德不尚力"说明了比起武功，练武的人的道德更为重要。而习武之人不在于炫耀武技，好勇斗狠，武术的用途在于强身和自卫、为国家抗御强敌。通过武德教育，

---

[1]《论语·述而》。

[2]《论语·宪问》。

[3]《论语》。

[4]《易·坤》。

如"有恒心、守法律、尚谋略、勿骄矜、守信义、尊师重道等"，能弘扬传统文化，激发民族精神，推动精神文明建设，能促进社会进步，培养出德才兼备的一代新型武术人才。

（三）排斥神学宗教体系的世俗化精神

宗教是人类社会的一种普遍现象，也是文明的一种普遍文化形态。中国多种宗教共存。在整个中国历史上，在社会生活的各个层面，在民族文化的其他文化形态中，宗教的影响或大或小，或深或浅，但始终显而易见。

一般而言，武术的本质与宗教的本质是截然对立的，文明的、成熟的、高素质的宗教具有原罪、禁欲、非暴力等特征，与武术通常意义下的致伤、致残、致死等技术特征无论如何都很难接近或者吻合。只有具备某种特殊的文化历史前提与条件，中国宗教与中国武术才能非同一般的结合。

中国人对血缘亲情、现实社会、生命、人生、身体的重视，始终超越了天国与彼岸的设计。孔孟儒学不仅是社会思想的主流与正统，且作为统治阶级的统治思想，延续数千年。外儒内法、儒道互补、三教合流，对以宗法和伦理为构架的社会文化基本模式也始终没有突破，这就使得中国本土产生的以及外来的宗教，几乎无例外地变得非常世俗。要么一定程度上教律松动形成世俗化潮流，一如佛教；要么始终未能出现高素质、成熟的宗教必然的天国福音的追求与设计，一如道教。

正是如此，中国武术和宗教才有发生如此深刻的影响与结合的可能。毫无疑问，禅宗的世俗化及少林寺作为禅宗祖庭的特殊地位，正是少林作为宗教组织，却能容忍产生武术、僧兵及种种武术行为的必须前提。武术与宗教的结合，其实恰恰是中国文化排斥神学宗教体系的世俗化精神的反映。

（四）重视血缘关系、血缘团体的宗法精神

宗法是古代中国社会结构的特点。在氏族制下的血缘关系与祖先崇拜的基础上，宗法制发展起来了。整个中国古代社会几乎没有改变"以农立国""重本抑末"的状况，人民日出而作，日落而息，安土重迁，依赖于土地且完全被束缚。人民以土地为中心，没有更多的选择，只能以血缘这条纽带组合为群。造成中国社会长期没有脱离宗法轨迹的一个重要原因就是农业经济的长期发达。

秦朝后，宗法制度虽然发生了一些变化，比如不再像殷周那样，直接形成为国家的政权组织和政治制度，但宗法制的一些基本原则几乎完整地保留了下来。儒家"家国一体"的观念，不仅反映宗法制，更是这种制度在思想领域的论证和肯定。中国社会的每一个角落，都有宗法的影子。

武林置身于中国社会，在这种历史文化背景中诞生的武术，不可避免地深深打上了宗法的烙印。武术门派的形成与宗法传统也息息相关。顾名思义，宗、派、家、门等名称，对于宗法与武术的关系已足以说明。所谓"正宗""流派""名门""嫡传"的极其讲究，无疑也是宗法习俗的体现。武术神秘化的形成与武术承传的师徒制，亦都与宗法背景有关。

当然，民族文化的基本精神在武术文化形态上的反映，是具体的而不是抽象的，是用武术的而不是其他文化形态的方式表现的。

武术文化不仅是中国文化整体的有机组成部分，而且自成完整体系，对中国文化基本精神能够全面反映、体现。

（五）坚贞的民族气节和强烈的爱国、爱家、爱人的热情

在长期的奴隶制、封建君主制社会中，也孕育出许多值得尊敬和缅怀的、可歌可泣的民族英雄人物，他们体现出的坚贞民族气节以及强烈的爱国、爱

家精神，是值得歌颂及学习的。

中华民族经历了几千年的历史变迁，具有悠久的历史和优秀的文化，之所以能雄于世界东方，是因为她凝聚了古代仁人志士前赴后继、英勇奋斗的精神。中国人民热爱和平、维护团结、勤劳勇敢、英勇抵抗外来侵略的精神，是中华民族的宝贵精神财富，激励着中华儿女始终为祖国的发展、强盛而努力奋斗，从而成为中华民族的优良传统。

由于习武的目的不同，习武者会表现出不同的社会行为方式。在古代中国社会，习武者中大多是为了从军，也有的是为了强身、健体、自卫，不论方式如何，"技击"自卫是其主要目的，以"技击"制敌。由于不"爱"之人在社会上始终存在着，因此打抱不平、扶危救难、惩治恶者的"武侠英雄""绿林好汉"也就出现了。崇尚武术就体现出非常鲜明的道德观和是非观，这种"济世救人"的思想，造就了历史上许多勇敢、正义，并为后人敬仰以及推崇的仁人志士，这些人也成为了习武者的学习榜样。

无限热爱祖国山河，对外寇入侵誓死抵抗，维护祖国的主权与独立是中华民族的优良传统。国家面临生死存亡的危急时刻，这种"爱"会变成一种为维护国家利益而浴血疆场、挺身赴死的大无畏精神和行动。在古代和近代的中国人民反压迫、反强权、反侵略的斗争中，这种光荣传统起到的巨大鼓舞作用，造就了一大批民族英雄。比如宋代的"岳母刺字"，之所以成为千古美德，是因为在国家处于危难之际，岳母和岳飞舍生忘死，精忠报国。"还我河山"的雄伟气魄，不仅是岳飞英雄气概的表达，而且是中华民族的优秀儿女热爱国家、热爱人民的优良传统和誓死抗击外来侵略的决心的体现，在中国人民心中塑造了一个永垂青史、光照日月的爱国典范。正是在这种勇于献身、舍生忘死的爱国主义精神的支配下，形成了中华民族自强不息、前赴后继的民族气节。

四、武术文化在世界文化中的地位

本尼迪克特说过："各种文化只是突出了不同个性的各个侧面，每一文化都仅仅突出了广大无边的人类潜在能力的某一部分。"[1]实际上任何发达的、成熟的文明之间，是无优劣可言的，它们体现比较突出的，往往只是民族文化环境和生态环境所造成的选择上的差异。如不仅仅以科学化、工业化而以文明整体标准——包括艺术、文学、价值、哲学等为坐标系看待问题时，更多地从历史发展长河而不是从容易导致我们敏感偏差的某一角度看，那就应当承认：与西方文化一样，东方文化同为先进发达的人类文化，东方体育与西方体育，东方武术与西方武技，亦是如此。硬要比较中国文化与西方文化、中国体育与西方体育、中国武术与西方武技之间的优劣，是非常可笑与荒唐的。甚至许多西方著名人类学家、历史学家也论述过，在历史上曾出现过的文化类型，都有过一个最灿烂辉煌的时期，都曾达到过一个繁盛的顶峰。

中国武术是一种静态型的，也即封闭型的武术。中国武术文化和中国传统文化的封闭特征是一致的。封闭型文化产生于封闭的自然环境与人文，即喜马拉雅山、西伯利亚的荒漠草原和中国古代的宗法血缘社会所造成的隔绝与互相隔绝。然而进入到近代社会，汪洋大海、连绵高山不再是交通逾越不了的屏障。血缘也被业缘取代，人心与陆地在缩短距离，中国以前紧闭的大门逐渐被打开，封闭型文化似乎已失去了封闭的社会自然基础。失去了基础的文化能否继续生存下去？这就是包括中国武术文化在内的中国传统文化面临挑战和感觉到危机的缘由。篮球、足球大赛看台上人山人海，然而过去门庭若市的著名武术家那里，如今呈现门可罗雀的景象。这

---

[1]（美）本尼迪克特.文化模式［M］.张燕，傅铿译.杭州：浙江人民出版社，1987：1.

和如今的少男少女痴迷于流行歌星、摇滚歌星，而传统戏剧却大受人们冷落如出一辙。开放的状态逐渐取代封闭的状态，而封闭的文化却未必要被开放的文化所取代。中国文明文化正在渡过一段艰难岁月，但可能最艰难的时光已经渡过了。它正在恢复着力量与自信。而西方文明文化在一个强劲的冲刺后，似乎思想的步伐已经放慢而开始了反顾反思。只有一个地球，相对而言，地球也是封闭的，封闭型文化的个别形态可能会消失，但封闭型文化提供的一种生存样态，它的整体方式与原则，永远不会过时。中国武术中，最具静态——封闭型文化特征的圆柔舒缓的太极拳，在日本、欧美等发达国家中反而受欢迎度很高，这就是一个很有力的证明。现代发展速度、现代社会生活节奏等使人身心太疲惫、太紧张，人是开放的，又是封闭的，安谧和另一种旋律也是人所需要的。

人类在前进，社会在发展，文化也在不断创新，无论是西方文化还是中国文化都不是一成不变的。有人预言，从现在开始，一种新的文化——世界文化——正在形成。世界文化应是多种文化整体的产物，是包括世界所有成熟的、先进的、文明的文化的集合体，而不仅仅是承续某一种文化而来。随着时代的发展，工业文明造成的西方中心是会改变的，不会是永久不变的现象。在世界民族齐头并进时，将肯定要在一定程度上遏止无限征服自然的势头。而同样以征服——破纪录为特征的奥林匹克竞技运动，将也会让出本应属于东方体育系统的一半位置。世界体育的下一个重要目标将是人与自然、人与人之间的和谐。因此，成为世界文化，并不是舍本逐末地摒弃自我而去完全靠拢和简单进入西方文化，民族的劣根应该摒弃，而精华却应坚持、继承和弘扬，因为这坚持、继承和弘扬的，正是世界文化的一部分。坚持中国武术文化和民族体育，也正是坚持世界文化的一部分。

第二节 中国武术文化的主要思想

一、中国武术文化的德行思想

（一）重义轻利

义，是中国古代重要的伦理道德概念，最早见于甲骨文和金器铭文中。"君子喻于义，小人喻于利"[1]。中国人的人生行为学总是围绕着义利两个字打转。在谈到利益关系时，儒家也是将"义"作为首要原则，强调处理利益关系必须要遵循正义的原则，也就是孔子说的"见利思义"，而非见利忘义。不同于西方的社会规范伦理，儒家的正义伦理是建立在人的内在德性之上，因而称之为德性理论。

（二）自强不息

自强不息是指人对待人生、对待事业追求的是一种"锲而不舍"的奋进精神，表现了人们在此追求的过程中所做出的孜孜不倦的"穷尽所能"的努力和勇气。人在社会当中对所参与的各项活动，表现出自强不息的个人能力，包括知识、技能以及所表现出来的主观能动性。武术德行思想中，"自强不息"是重要内容，"自强不息"也是习武者的人生价值观的具体体现。基于习武者行为广泛的社会属性和作用来考虑，通过习练武功来达到提高技艺、磨炼意志等素质，树立战胜敌人、克服困难的胆略和勇气，从而形成习武者以此锻炼身心，树立远大志向的自强不息的优良思想品质。

---

[1]《论语·里仁》。

（三）以和为贵

长期以来武术深受中国传统文化思想的影响，蕴化了武术"和"文化的思想与追求。对"和"文化的追求及"和而不同"思想也是东西方文化的焦点。武术本身所体现出的就是中国传统文化思想，其核心思想就是儒家文化中的"和谐""和为贵""尚和中庸"的思想以及对"和平"的不懈追求。而"攻击""争斗"的实质则是武术本身具备的，可以说武术文化将"和""争"的内涵与文化精神体现得淋漓尽致，可以说武术本身是"和"与"争"对立统一的产物，"和"是武术的追求，"争"则是武术的表现形式。武术的自身功能特点与"和"文化的追求在某种程度上具有矛盾性，但是二者又对立统一，相互制衡，协调发展。西汉刘向在《说苑》中曰："凡武之兴，为不服也；文化不改，然后加诛"。西晋束皙在《补亡诗·由仪》中曰："文化内辑，武功外悠。"这里的"文化"表达的都是"以文教化"之意，文武对举，主张都要以文教化，无论是对内还是对外，对不能接受文化的，将要用武力去征服。社会发展的不和谐以及人类私欲的膨胀导致了战争的出现，而动用武力的动用则是稳定社会不和谐以及平息战争的重要手段。除文治以外，武力是最有效的解决方法，能有效解决一些问题。

中国传统文化中蕴含着的和平主义思想，其意义并不局限于处理国家和民族关系的最高准则，而是包含着五层意思，即天人之和、身心之和、人伦之和、社会秩序之和以及协和万邦。这五层意思相辅相成，体现了中华民族生生不息的爱好和平的民族精神。儒家文化是中国传统文化的核心，而"以和为贵"就是儒家文化的精髓之一。自古以来人们为人处世的重要准则和信条就是"和"。佛家也有句名言曰"放下屠刀，立地成佛"。道家的主张则是"不争""无为""夫唯不争，故天下莫能与之争""天之道，不争而善胜"的思想。墨家所倡导的是"非攻""兼爱"。"不战而屈人之兵"也是兵家的至上境界。因此，可以说武术文化在中国主流文化儒、释、道、墨、兵家中，无论是主张入世还是主张出世的思想都是期望天下太平无争、世界和平。

二、中国武术的技击思想

武术的技击观是对武术技击方法思想的概括和总结，是建立在传统哲学思维基础之上而形成的。由于较多借鉴了中国古代兵法理论与实践，从而中国武术技击思想的基本运动形式典型而独特，极具丰富而深奥的哲理。它是一个代表中国传统的理性思维和形象思维相结合的高度技术精微而严密的知识结构体系。

（一）知行合一

"知行合一"是中国传统哲学的一个重要特点。这种重视"知行合一"的思想是武术认识论的基础，具体到武术中，无论在理论上还是在技术上，都强调切合实用，突出它的技击特点。历史上武术发展的基本线索就是技术理论来源于实践、加工提高、然后再用于实践。正因如此，使得完整的武术技术体系由套路练习和对抗性练习共同组成。武术的传统训练体系以套路练习为基础，然后将其拆为散手，再通过"递手"，过渡成对抗性的实战练习。所以在历史发展上，武术常和军事活动密切地联系着，它的健身作用也总是伴随着技击作用而存在。尽管对于现代武术来说，技击的作用已成为一种较为次要的社会功能，但武术正渐离技击实用而向更近于体育健身的方向发展，但作为对民族文化遗产的继承和发扬，其技击特点仍需强调。

（二）奇正相合

在中国古代兵法思想中，"奇正相合"观是重要内容。"奇正相合"不仅揭示了"奇正相生"的辩证关系，也可用以体现武术技击格斗中的"奇正"

关系，它们是互为区别又互为依存的辩证的统一。"奇"是以技击意识与技击技术的统一而表现出技击对抗中独特的运动特性；"正"则是基本的拳法风格中所具有的共性技击技法特性。

在中国武术技击思想中，有"奇"也有"正"。"奇正相生"，进而使"奇正"互用的目的得以达到。在中国武术技击思想中，奇正相合观是一个重要组成部分。奇正相合观不仅是古代兵法思想的一种拓展，也是武术技击思想的具体内容，从而形成了武术自身独特的一种存在方式和战术理论思想。

（三）刚柔相济

古代兵法思想中常用的一对矛盾范畴便是刚与柔，随着时代的发展，不断被用于解释事物矛盾双方的对立与统一的辩证关系。刚，指事物强盛、刚健的一面，柔，则指事物柔弱、衰退的一面。

早在《战国策·楚策》《孔丛子·抗志篇》中就有齿坚刚和舌柔顺之说。这说明了刚柔的最初提出是与人对自身的认识有关的。在《尚书》《诗经》中，"刚""柔"并用的内容就有了。《尚书》中曰："浊渐阴克，高明柔克。"大意是一定要以刚（硬）来制服肮脏的行为，一定要以柔（智）去对付奸诈阴险的人。《诗经·大雅·蒸氏》中曰："柔亦不茹，刚亦不吐，不悔矜寡，不畏强御。"大意是指柔弱不能太忍让，刚强不要太放荡，反映了人"不凌弱，不怕强"的刚强柔弱的性质和特点。

《孙子兵法》推崇阳刚，字里行间透露着一种豪迈、洒脱、刚劲之气。"胜者之战民也，若决积水于千仞之溪者"[1]"兵者，国之大事，死生之地，存亡之道，不可不察也"[2]"故善战者立于不败之地，而不失敌之败也"[3]，等

---

[1]《孙子兵法·形篇》。

[2]《孙子兵法·计篇》。

[3]《孙子兵法·形篇》。

等，无不令人慷慨激越。气性柔，空气可以腐蚀金属；水性柔，滴水可以穿石。《孙子兵法》也讲阴柔，强调以柔克刚。"夫兵形象水，水之形，避高而趋下；兵之形，避实而击虚。水因地而制流，兵因敌而制胜"[1]"利而诱之，乱而取之，实而备之，强而避之，怒而挠之，卑而骄之，佚而劳之，亲而离之"[2]，等等，看似娓娓道来，实则柔中溢刚，绵见藏针，"平缓"之中隐藏"杀机"。《孙子兵法》提倡的这种刚柔相济之美，决定了其超凡脱俗之力，构建了其左右逢源之势。

武术也多借鉴古代兵家的"刚柔"思想，便形成了武术刚柔说。在解释不同风格的武术流派的技术特点方面被广泛地使用。其基本思想原则是以"刚柔相济"观对武术整体的技击思想进行影响，构成了武术"刚柔"观的辩证思想特征。

（四）避实就虚

在中国哲学中，"虚实"是重要的范畴。就其本义讲，"虚"是虚伪、空虚以及不真实之义；"实"有实在、充实以及真实之义。从哲学层面上来说，"虚"指事物中无形、空虚、微弱的一面；"实"指事物中有形、充实、强盛的一面，二者相辅相成。

孙子曰："兵之形，避实而击虚。"[3]这简短鲜明的语言对夺取战争胜利的真谛予以道破，他强调用兵攻击其虚弱的地方，要避开敌人强大之处，取胜的方法要根据敌我双方的实际情况而决定。战争的指挥者应该在充分了解敌我情况，比如力量对比、优势、劣势等，突破容易突破的地方，这样既可以取得战争的胜利，又能将自己的损失最大程度地降低。这样的一种观点不仅

---

[1]《孙子兵法·虚实篇》。

[2]《孙子兵法·计篇》。

[3]《孙子兵法·虚实篇》。

奠定了兵法思想中虚实观的基础，而且为中国武术技击理论中"避实击虚"思想的形成提供了思想和理论依据。因而在武术技击思想中，避其实而击其虚的观点就成了重要内容。

三、中国武术的体用思想

我国武术体用思想是以技击技法为主要内容的健体强身的传统思想内容，即健体强身的基本认识和目的是通过运用武术的各种功法练习来达到的。一般不要机械地看待问题，哪一种方法既不要绝对地认同也不要绝对地否认。因此在某些方面，我国武术的健身思想可以反映中国传统体育的基本思想风貌。

（一）动静相得

动与静不能截然分割，往往静中有动，动中有静，似动而实静，似静而实动。作为人体文化艺术的武术，其演练最基本的要求和规范是动与静。比如武术传统演练技法中的十二型，就是以自然界景象和动物形象作比喻的，对武术中的动态和静态的节奏变化的说明不仅形象而且生动，即"动如涛、静如岳、起如猿、落如鹊、立如鸡、站如松、转如轮、折如弓、轻如叶、重如铁、缓如鹰、快如风"。这就要求静时如三山五岳，巍巍屹立；动时如长江大海滔滔不绝，一泻千里。但在武术中，动与静并不是绝对的，而是动中寓静，静中寓动，在动中表现一种静的势态，在静中体会动的韵律。

在长期的武术发展过程中，形成了中国武术体用思想中的"动静相得"。它在中国传统的哲学思想、养生理论以及医学的影响下，结合武术的技击技法理论在"动""静"的问题上，用传统的辩证思维方法去对武术不同风格的技术特点进行解释。在健身强体的活动中，这一观点体现出中国武术体用思想"以动养体，以静养性"的"动与静"的辩证思想特征。

（二）气用直养

我国出现较早的、标志宇宙本源的基本哲学概念之一就是"气"。崇天地、尚鬼神的思想意识在人们头脑中开始动摇之时，"气"就首先被用于解释自然与社会现象。它具有直观的和朴素的唯物主义无神论思想，这对于"天命"主宰人类的神学时代来说，是一个巨大的进步。因此，"气"不仅是哲学意义上的概念，同时也被用来解释天地万物的规律和本质，包括人类本体的变化特征、生养规律等。"气"用理论在中国传统的医学、养生术以及武术中都被作为主要的健体思想原则来指导具体的体用实践，研究解释本身的特有规律。医学、养生术的气用养体理论对武术的"气"用理论影响较大，武术的"气"用理论较多地吸收了医学、养生术的气用养体理论，完善了本身的思想内容。

我国古代的"养生"是一个广义的体育概念，它不仅包括武术、"导引"、气功以及一系列的适合风土人情和民族特点的传统体育活动形式，也包含着许多在劳动中产生的基本技能，这些都是形成中国武术思想的根本条件。

中国的气功养生文化源远流长。《庄子·养生主》《尚书·洪范》中均有关于气功养生的表述。魏晋南北朝时期的气功养生文化趋于成熟，在嵇康的《养生论》、陶弘景的《养生延命录》、葛洪的《抱朴子·内篇》以及颜之推的《颜氏家训·养生》等一系列著述中，形成一整套人与宇宙、人与社会、人的起居饮食以及呼吸、意念的气功。

（三）内外兼观

内与外，是表现事物的本与末、表和里等相对应的一般性概念。对人体来说，"内"即指五脏、六腑、经络、气血等；"外"指皮毛、四肢、躯体、筋骨等。在中国武术的体用健身理论中，内、外被看作是与技击和养生方法有关的专有名词，"内"，指的是心、神、意、气、力，即精、气、神、劲；"外"，指的是手、眼、身、法、步，也指筋、骨、皮。传统武术养生理论，根据内外的不同部位、不同的生理功能及作用，因而形成了武术习练过程中"以内养外"和"以外练内"的规律和特征。这对"内""外"诸内容之间的辩证统一的关系就较为科学和严谨地解释了，确定了武术体用健身理论中"内外合一"的思想内容，形成了"内外兼修""以内养外""以外练内"的辩证的武术体用思想。

第三节　中国武术文化的美学思想

一、不同时期的武术文化的美学思想

（一）武术美学思想的产生

新石器时代，我国彩陶器物上浮云变幻、水波纹状等装饰花纹引起人们强烈的好奇与兴趣。考古学家研究发现，其中一部分是由原始图腾演化而来。19世纪，一系列洞窟壁画的发现提供了珍贵的史料，如我国殷商时期的甲骨文、四川的左江岩画等大型彩色壁画。这些壁画是原始人类在狩猎、战争前后的原始宗教仪式所用的兵器、面具等装饰物以及所跳的巫术舞蹈（其中不乏狩猎动作、自我防卫动作），并非为了欣赏而作。从这些壁画中不难发现与武术动作有关的痕迹。因此，可以推断武术审美意识产生于人类劳动创造的美，在时间上是一致的。

由于对自然现象的恐惧，人与神灵沟通的媒介便是各种祭祀活动。原始宗教祭祀活动是由族群中的舞者们模仿狩猎、战争以及后来的军事训练等活动来表达对圣灵的尊崇以及对胜利的欢喜与炫耀。对我们新时代的人来说，跳舞可能是一种娱乐活动，但是在文化的早先时期，舞蹈的意义中却饱含着热情和庄严。蒙昧和野蛮时期的人用舞蹈来表达自己愉快、热爱、悲伤、暴怒等情绪，甚至作为魔法和宗教的手段。

在安阳殷墟墓中曾出土绣有鸟羽的戈，这说明甲骨文武字上戈下足的舞蹈本义的确与这种原始的舞蹈活动密切相关。《尚书·兰樱》曰："击石扮石，百兽率舞"。《礼记·乐记》曰："夫《武》之备戒已久。"《左传·宣公十三年》曰："武王克商作《武》"。《礼记·郊特性》曰："《武》状而不可乐也。"由此可以得知，《武》这种舞蹈，其场面宏大壮观。反应出当时广大民众的喜爱"武、舞"之风，也说明了当时"武、舞"已经发展的较为成熟。

在古代，武与舞的理解有着相通性。随着农耕文化的不断发展与演进，武和舞成了同源却表达不同意象的两种肢体语言，"武功""舞蹈"便形成了。在一些文史典籍中，可以发现不少二者混用的情况。《春秋谷梁传·庄公十年》曰："荆败蔡于莘，以蔡侯献舞归"。《诗经·周颂庄》中记载为"象武"，而《礼记》中则记载为"象舞"。

此外，在其他地方，"武"与"舞"也相互通用。如《战国策》中曰："燕国有勇士秦武阳"，而司马迁《史记·刺客列传》中曰"燕国有勇士秦舞阳"，李白的《结客少年场行》中也称"秦武阳"，可以明显的发现"武""舞"相通。《释名·释言语》中曰："武，舞也"，确切的说明了武舞同源。

（二）古代武术的美学思想

1.武舞相通的美学思想

同其他的艺术形式一样，任何流传门派的武术甚至是具体的武术表演都有一定的规律，旧时称为是"套路"或"套子"。它是集欣赏性、健身性与搏击性为一体的一系列动作的集合，既能够对自己的风格特征予以展示，同时也便于武者的习练和武术的传承。

武术套路的形成与发展，为我们提供了认识武术美学的独特视角。《韩非子·五蠹》中曰："当舜之时，有苗不服，禹将伐之……乃修教三年，执干戚舞，有苗乃服。"这里的"执干戚舞"，意思是舜对那些手持矛、盾、戈、斧等兵器的军队进行指挥，进行一些攻防训练活动。这种宏大的场面既展现出武术的套路与规律性特征，表示特定的武术技巧是可以通过训练来掌握的；同时也蕴含着舞蹈表演的视觉美感。《吕氏春秋》中曰："武王即位，以锐兵克之于牧野。归，乃命周公作《大武》"。汉代郑玄解释说："武舞像战也。每奏四伐。一击一刺为一伐。"这说明了《大武》就是"武舞"，是带有攻伐性、搏击性的舞蹈表演活动，尤其是表演技巧和表演的套路是可以通过一系列的训练来掌握的。这不仅为后来"武""舞"分离之后，武术套路的形成奠定了基础；同时也形成了"武舞"的审美传统和武术流派。《史记·项王本纪》中曰："范增起，出召项庄，谓曰：'君王为人不忍，若入前为寿，寿毕，请以剑舞，因击沛公于坐，杀之。……项庄拔剑起舞，项伯亦拔剑起舞，常以身翼蔽沛公，庄不得击。"这说明了剑舞已是一项广受欢迎的娱乐活动；也说明剑舞拥有强烈的搏击性特征，完美融合了"剑术"与"舞蹈"，且拥有一定的程式特征或者是套路，需要进行一定的训练，"剑术"的杀气与"舞蹈"的美感才能展现出。

总体来说，武舞训练和表演中的编排规律与动作结构为武术套路的形成奠定了基础，由此成为传统武术文化中美学思想的重要内容之一。

2.古代军事武艺之中的美学思想

冷兵器时代，武术的技击性与古代军事战争结合，形成了古代军事武艺，并在战场上得到了淋漓尽致的体现。军事武艺中最主要价值体现就是实用技击。因此，《四库全书总目提要·练兵实纪》曰："继光初到（蓟）镇，疏有云：'美观则不实用，实用则不美观'。此书标曰'实纪'，征实用也。""美观"二字显然是从武术的动作外形来说的，由于人的价值取向的不同导致对武术的不同看法。实用是技击的主要特征，但"实用"同样给人带来内心的愉悦，也是一种美的体现。

古代战场上，对垒双方的将领会进行单打独斗，使用技法巧妙、快捷，与民间的武术并无区别，"尚巧不尚力"的美学思想同样体现；群体作战中，灵活多变的战术谋略的采用，同样收到意想不到的实用效果，从而使军心振奋，美不胜收。古代军事战争中不乏有"以寡敌众""以少胜多""出奇制胜"的案例，体现了"奇正相生""兵不厌诈""以柔弱胜刚强"等思想。军队中的军纪、礼仪也体现了一种特有的军事道德规范，最早的"武德"内容体现的就是"七德"，蕴涵一些兵家行为规范，如"禁暴，戢兵"等，本质即平定祸乱、停止干戈、使人们和谐、安居等。因而，古代军事武艺与我们现在通常所说的武术相比，其美学思想有异同。一方面，群体作战中的军事谋略同样渗透到武术中，形成变化多端的战术和技法思想；另一方面，在单兵作战中除了体现出快捷、勇猛的"功力"之美外，也体现了武术技法中"活""灵""变""巧"的美学思想。同时，因表现形式不同，价值取向不同，其美学思想体现的侧重点也有所不同，古代军事武艺则更多体现在谋略、气势、功力、礼仪道德以及搏杀精神等方面。

（三）近代武术的美学思想

1840—1949 年，称之为中国近代史，是中国半殖民地半封建社会逐渐形成到瓦解的历史。张岱年、方克立先生说："1840 年爆发的鸦片战争，以血与火的形式把中国文化推入了一个蜕变与新生并存的新的历史阶段。"[1]近代中国处于内忧外患的民族危机和国难当头之际，因此，近代武术的美学思想的突出特征表现在以下几方面。

---

[1] 王宗岳.太极拳谱［M］.北京：人民体育出版社，1991：23.

（1）高超的武功技艺融入救国救民的爱国浪潮之中

近代以来，中国社会逐渐沦为半殖民地半封建社会，面对外来武技的耀武扬威、飞扬跋扈，一批批武功卓越的武术先辈们挺身而出，彰显了习武人的民族气节，折射出习武人的人格魅力，捍卫了中华民族的形象，谱写了一曲爱国主义的英雄赞歌。

末代皇帝浦仪的保镖、八极拳名家霍殿阁曾击败了当时在东北的所有日本武士。精武体育会创始人霍元甲称"世讥我国为病夫国，我即病夫国中一病夫，愿与天下健者一试"，其凛然大义一雪"东亚病夫"之耻。当代著名武术家蔡龙云先生 15 岁击败美国"黑狮"鲁塞尔，白俄拳击名手马索洛夫，少年豪气，为国增光……，他们的种种行为显示出武术已经内化为一种修养人性的工具，技击成了一种手段，爱国主义思想得到升华。由此，我们能感悟到对于培养爱国主义思想来说，中国武术具有重大意义。

（2）"尚武精神"的弘扬透视出中国武术内蕴的"自强不息"精神的思想提升，彰显了撼人心魄的武术之魂

1840 年鸦片战争爆发，在内忧外患的时代背景下，在西方火药的威力下，中国武术的技击价值日渐式微，其内蕴的"自强不息"的思想却得到了阐发和弘扬，成为促使民众觉醒的精神武器。并且，"尚武精神"的思潮开始渗透到了教育领域，彰显了其精神教育价值。可见，武术已不再是单纯的技术层面，而成为培养民族情感、"强种保国"的教育手段，丰富提升了美学思想内涵。

西方体育的入侵，形成了武术竞技化的雏形，提升了竞技观赏价值，彰显了美的元素。

西方传教士于 19 世纪初来到中国，为传播宗教思想而创办教会学校，将西方的学校教育引入中国。1914 年，努力挽救武术的颓势、酷爱武术的军阀马良在济南开办了山东武术传习所，并邀集国内武术名家编纂《中华新武

术》，试图结合西方体育的方法改革武术。受西方体育的影响，武术被列为学校教育内容，具有了一定的竞赛形式。

1923 年，由马良等人发起的"中华全国武术运动大会"在上海举办，共设有 100 多个比赛、表演项目，是中国体育史和武术史上第一次单项武术大会。在 1924 年的第三次全国运动会上，武术被列为表演项目，此后的第五届和第六届，武术被列为正式比赛项目。李成银先生说："近代武术竞技化趋势，使得武术观赏价值功能也随之发生了变化。一方面是武术的表演观赏价值功能继续存在并获得了进一步发展；另一方面，武术的竞技观赏价值功能日益受到了人们的关注。这成了近代以后武术发展的一个重要特征。"[1]武术竞技化提高了武术的观赏价值，彰显了武术的美学元素。

（四）现代武术的美学思想

1.现代竞技武术套路的美学思想

武术套路是指以技击动作为内容，根据动静急徐、刚柔虚实、攻守进退等矛盾运动的变化规律而编成的整套练习。现代竞技武术套路的形成和发展正是在此基础之上，充分借鉴了各家拳种之所长，同时融合了现代艺术的审美特征。并按照正规的组织形式和统一的竞赛规则，由裁判员对运动员的难度质量、演练水平和动作规格给予综合评定的运动过程。其美学特征，主要表现在形神兼备、节奏鲜明、威武勇猛、内外合一、快速灵敏、起伏转折、连贯协调、舒展大方，尤其对身体点、线、面的对比均衡和动作美的多样化统一比较讲究。竞技武术套路包含着对技击的超越、想象和美化，是武术技击性的高度提炼和艺术再现，具有独特的审美价值。现代竞技武术套路呈现在人们面前的是其舒展流畅、准确有力、敏捷迅速的风格。不仅着眼于一拳

---

[1] 陈山.中国武侠史［M］.上海：上海三联出版社，1992：235.

一脚、一招一势的功力与技术，同时也着眼于武术套路的神美、形美、意美、技击美和时空美等方面的美学特征。

然而，随着时代的进步以及社会的发展，同时受电影或者电视剧的影响，多数人对武术的认知是实战性十足的功夫，或是刀枪不入的气功、飞檐走壁的轻功，等等，对于武术的实质与内涵并不能正确的理解和认识，对于武术套路的了解更是毫无门道可循，主动观赏、习练和发扬武术套路运动更是水中捞月。探究现代竞技武术套路的美学内涵和美学形式，不仅有利于提高武术动作的质量，促进武术套路技术动作的优美化和规范化，同时也可以培养武术运动员的表现力和创造力。此外，也有助于未接受过武术练习的人对武术套路的认识和观赏，使更多的人对于竞技武术套路的好与坏、优与差可以正确评价和观赏，真正可以使武术套路具有广泛的群众基础和热烈的习武气氛。

2.高科技艺术化包装渲染了武术之美

随着高科技的发展，源于武术素材的"武打影视"脱颖而出，也成为影射武术美学思想的一面镜子。

（1）影视驱动武术内容全面多样

古代武术动作的描述存在于人们头脑想象之中，建立在人们的思维观念之中。到了现代，审美需求不断提高，荧屏之上关于武术的表现也越来越多。这种表现不仅再现了武术动作的原有技术要求，对于动作本身也有扩大化的表现。20世纪80年代初，由全国武术冠军李连杰主演的《少林寺》吸引了世人的眼光，同时也将少林武术传播到了世界的各个角落。导演将武术动作赋予特定的故事情节中，不仅长拳体现出干净利落、劲力充沛，刀术的演练更是突出了气势磅礴、刀如猛虎、无人可挡。枪术的演练也突出了枪似游龙，穿梭于身体之间游刃有余的高超技艺。少林武术的正宗、精妙博得了世界人民的好评，于是一时间，不管男女老少均对中国武术产生了敬畏之感和学习兴趣，争相习武，掀起了一股全世界的"习武热"热潮。李小龙将中华武术中的洪拳、戳脚、少林拳等与泰拳、柔术、空手道、跆拳道等真实的技击之术相结合，创立了截拳道，并在世界范围内广为流传。如今，李小龙已经是功夫代名词，许多外文字典和词典里都出现了"功夫"（Kung fu）一词。而李小龙的成功同样是与《唐山大兄》《猛龙过江》等影片在世界范围内的广受好评不无关系。

（2）影视技术将武术动作艺术化

武术与影视的结合使武术动作艺术化，使武术动作具有了独特的魅力。影视中的武术动作显得较为夸张，动作幅度明显扩大化，借助于维亚（wire）等影视道具可以实现传统武术中的"轻功"，可以展现出人在空中快速飞行、可以凌空高飞、可以轻缓的飘落在一片树叶之上等等现实生活中不能看到的视觉审美效果。仅此这一项就可以将人们想象出的高难度武术动作呈现在荧幕之上，时而潇洒飘逸，时而急速如梭，时而轻如鹅毛落在水面之上，如是将武术动作与影视艺术完美的融合在一起。加之场景布局、故事情节以及背景音乐，构成一部既完整又完美的画面，让人在视觉、听觉上得到莫大的满足感。昔日《观公孙大娘弟子舞剑器行》中的"来如雷霆收震怒，罢如江海凝清光"，如今早已经成为"现实"。风驰电掣般的身形步伐、行云流水般的动作招式勾勒出人们所无法想象的难度动作，让人充满向往，体现出刚健饱满的斗志，冲击着一代又一代人的眼球。

（3）影视内容隐射刚健有为的民族气节

我们在感叹高超武艺的同时，更为感同身受的是动作背后所蕴含的爱国热情、侠义精神等其他具有正义感的民族精神。这种美的感受是发自内心且是真实情感，符合伦理美学的"超验心"。早期拍摄的《黄飞鸿》《少林寺》系列、《精武门》《霍元甲》等等，以及现代影视武侠精品中的《英雄》《十面埋伏》《卧虎藏龙》等等，无一不是正义与邪恶的较量。武侠电影的立意对武术内容的充实起决定性的作用，这是受传统儒家思想的熏陶而形成的影视"定势"，即永久性的邪不压正，这也正是中华民族气息经久不衰、民族精神刚健有为艺术化的写照。

二、中国武术文化美学思想的具体体现

（一）姿势美

姿势美，即架势、姿态美。武术项目对于姿势是很讲究的，如长拳，其姿势舒展，快速有力，节奏鲜明，动作灵活，并包括闪展腾挪、窜蹦跳跃和起伏转折等动作和技术。长拳的动作除了要体现攻防技术的含义外，还要讲究骨法，姿势优美，动作要求规格。拳谱中讲"五体称"，四肢与躯干五条线充满骨力，这五条线就像写字一样，结构要工整、匀称，或撑拔张展，或勾扣翘绷，无一处呈松软之态，呈现一幅健美之势。又如，太极拳讲"五弓"，处处呈圆弧，气沉丹田，虚灵顶劲，含胸拔背，沉肩坠肘，舒指坐腕，松腰敛臀，圆裆松胯，尾间中正，动静有常，势势相连，绵绵不断，姿势均匀，另有阴柔之美。

实际上，姿势美就是造型美。武术的造型艺术之美可分为两种，即动造型和静造型。通过动和静的造型，在时间和空间上运动，形成了连续不断的画面。就其整体上来看，动静造型是互相联系、互相转化、不可分割的。从这个意义上讲，每一个动造型的发势和收势都可以看做是静造型，如"白鹤亮翅""金鸡独立""金鸡报晓""推窗望月""朝天一炷香"等，这些都是在收势后呈现的静造型。又如"燕子钻云""燕子抄水""鲤鱼打挺""大蟒翻身""玉女穿梭""插花盖顶""乌龙盘玉柱"等这些动作可视为动造型。

（二）劲力美

劲力美，即武术中的劲法和力度。武术中的劲力美均着眼于"发劲"和语式。如长拳讲"劲力顺达"，富有"寸劲"。而出于含蓄，要求"起于腿，发于腰，催于肘，达于手"，力点清晰，协调顺畅。许多拳种对于发劲，讲究刚猛而纯透，有力而不僵。例如南拳的特点是套路中多短拳，擅标手，上肢功夫突出，步稳势猛。运动员动作刚劲有力，很能表现其力量素质，富有一种"阳刚之美"。又如太极推手，柔中寓刚，绵里藏针。双人对练被人称为"画圈子"。它是以挤、肘、按、采、掤、持、捯、靠等方法，双方沾粘连随，通过肌肉的感觉对对方的用劲予以判断，并借劲发力将对方推出，从而达到对方失去平衡或倒地的目的，以决胜负。朱光潜先生认为美学中的"移情作用"不仅令其忘我，并且产生一种"筋肉感"。武术名家手中所表现的劲力常会使人们产生此感，哪怕是朴素无华的形意拳，简练而又充实的劲力，都会使人的筋肉、心潮随之铿锵而动，寓美于劲健之中。

（三）节奏美

节奏美即武术运动中有规律的连续、反复性，以及形态转换和机能转换而产生的美感。武术套路节奏鲜明，气韵生动。近代自选套路的发展在节奏变化上尤为突出。如1982年在杭州举办的全国武术表演赛上，浙江队表演的"集体少林功法"在古刹钟声的配乐下出场，展示了少林寺僧练功的场景。古朴而有特色的拳法，节奏鲜明，时而对练，时而单练，内容编排不落俗套，动作整齐而有难度，观众的心弦随"武"而动。

（四）结构美

结构美，即武术技术配合组织美，武术的套路对于结构很是讲究，编排意图以及结构的艺术性常常孕育着审美理想。中华民族的武者在长期表演与实战中，从自然界和社会生活中不断地吸取素材，再经过高度的概括和集中，创造了各式各样的套路体现着武术的结构美。

　　一种套路结构，完整性是首要，起势如何，高潮如何，收势如何，都要反复推敲，精心构思。此外，还要符合技击规律，注重高低、轻重、虚实、开合等变化，以及布局上的迂回转折，往返穿插，都要符合攻防原理。比如猴拳，井然有序，衔接巧妙，又如蛇拳，以蛇的"曲仰自如之态，左顾右盼之意"等动态特点创造而成。从青蛇惊醒、出洞、游行、觅食到"神蛇练月""风蛇绕树""玄蛇盘石"等，数十个动作一气呵成，再加上蛇拳的拳法、手法，再加以配合各种身型、步型以及富有表达力的眼神，演练十分精彩。

第三章　武术与中国传统文化

第一节　武术与中国传统哲学

一、中国传统哲学简介

一个民族文化的核心就是哲学。中国传统哲学是由悠久的历史和丰富的文化积淀起来的，堪称是一座博大精深的文化思想宝库。这个思想宝库极大地包容了天体、地理、社会以及人世，有力地牢笼了中国文化的每一个层面。中华民族独有的思维模式和理论诠释系统正逐步形成。我们的中华先民们从万物生长、天地运行等周围现象中对普天之理进行感受与探索。同时作为一种思想模式，人们也习惯于用这套理论对形形色色的大千世界进行解释。因此，无论是天文历法、政治、军事、农业，还是伦理、宗教、艺术，每一样都能从中找到自己的理论依据。因此，对于这种文化现象，我们称之为哲学文化。

中国传统哲学的产生条件、风格、形式和理论内容都独具特色。中国传统哲学的产生深深植根于中国这个历史悠久的文明古国的土壤中。中国哲学是中国文化的重要组成部分。通过对中国传统哲学内容的了解，能够深深地体会到中华民族的精神。

张岱年先生认为，"中国哲学之特点，重要的有三，次要的有三""第一，合知行""第二，一天人""第三，同真善""第四，重人生而不重知论""第五，重了悟而不重论证""第六，既非依附科学亦非依附宗教"。虽然对于武术的发展来说，中国传统哲学中的这些特点都或多或少地产生了一定的影响，但是"天人合一"和"知行合一"则较为广泛地影响了武术的发展。张岱年先生说："在中国传统哲学中，天人合一与知行合一的观点占有主导地位，这对于中国文化的发展有广泛的影响。"

传统武术作为中国文化子系统之一，不论其理论还是实践都必然受到中国哲学文化的影响。比如说，阴阳在中国哲学中看来是独立不改的基本质料，任何事物如果离开了阴阳，它所蕴含的"道"，也就是一个混沌的存在，"阴阳者，天地之道也，万物之纲纪，变化之父母，杀生之本始。"在中国古典哲学中，有关万物生长变化的关联点就是阴阳学说，它与太极、八卦、四相、五行等一起共同构成了中国哲学的基本框架，成为一种被 18 世纪意大利著名学者称之为共有的精神语言，成为中华民族对世间万物进行统摄的理论总纲。

二、天人合一与武术

天人问题是中国传统哲学的核心。中国传统哲学认为天人一体，天（包括宇宙天地万物以及大自然）与人是相互感应的，大宇宙的变化可以对于人体这个小宇宙产生影响，而人体自身的变化也是对大自然运行规律的反映，相互和谐、合而为一是天与人的最佳状态，也就是天人合一。《易经·系辞上》说："天尊地卑，乾坤定矣。卑高以陈，贵贱位矣。动静有常，刚柔断矣。方以类聚，物以群分，吉凶生矣。在天成象，在地成形，变化见矣。"关于天人合一的观念，庄子则将其表述为："天地与我并生，而万物与我为一。""天人合一"强调宇宙、自然与人的和谐、统一，对武术拳理产生了深刻而久远的影响。

"天人合一"在中国武术中的体现，首先表现为练习者对与大自然的统

一、和谐的追求。在《太极拳谱》中有这样一段话："能人以弘道，知道不远人，则可与言天地同体。上天，下地，人在其中矣！"《拳意述真》中说："人为一小天地，无不与天地之理相结合。"传统内家拳则视人体为一个小天地，视宇宙为一个大天地，把人体这个小天地融于宇宙的大天地之中则是练拳的最高境界。中国武术对于"内外兼修""形神俱备"也比较讲究，心者身之王而心不离身，身者心之躯。身不离心即是视人体作为一个整体。"形神同一"，即是指人身心内外的统一。这些淋漓尽致地体现了"天人合一"的哲学思想。可见，作为武术运动对象的客体——人体自然与宇宙自然的客体二者联系紧密，因而在武术实践中必须使前者适应与顺乎后者，达到二者的和谐与统一，方能将武术的目的完满地实现。太极拳主张"身心合修"，讲究"以气运身"以及"以心行气"；长拳以"手眼身法步，精神气力功"为八法；形意拳主张"练精化气，练气化神，练神还虚"。以求人天相应以及天人合一。

过去，武术习练者为追求人与大自然的和谐相通，尽量使人对大自然的变化规律予以服从和顺乎，以求内外、物我的平衡，达到阴阳调和。所以武术传统练功对自然界四季和人体机能的变化也十分重视，为达到相应的练功目的而采用不同的方法。如少林拳就有"每日早起练拳之先，必面向东方"的要求。"天人合一"的思想还表现出古人从大自然中得到启发、汲取营养，取法于大自然的哲学思想。对于自然，庄子是"乘物以游心"的态度;《易经·系辞上》则有一些说法，如"法象莫大乎天地"；武术中的象形动作与象形拳则是汲取了各种动物的形象、动作，将这些元素融入拳术的技式之中。长拳也有十二型的描述，即"动如涛、静如岳、起如猿、落如鹊、立如鸡、站如松、转如轮、折如弓、轻如叶、重如铁、缓如鹰、快如风。"

三、太极思想与武术

最早在《周易·系辞上》一书中见到"太极"一词，该书认为："易有太极，是生两仪。"这里的两仪即阴阳，太极则以阴阳为内涵，是天地万物的衍生本源。因此，《周易·系辞上》提出了"一阴一阳谓之道"；朱熹也持"总天地万物之理，便是太极"的观点。在对太极义理进行探索的同时，阐释"易有太极，是生两仪"为目的的"太极图"（图3-1）也出现了。

图3-1 太极图

整个太极图呈圆形，象征着事物循环式、永恒的运动状态，同时也象征着人的生命起源。太极图图面白色为阳，黑色为阴。黑白相依、相抱不离。白鱼黑眼代表阳中有阴，黑鱼白眼则代表阴中有阳。古人认为，黑白阴阳互不相离，相互转化，相互消长，由此万物产生。一条反"S"形曲线分开白鱼与黑鱼说明了两个问题：（1）说明并不是以直线的方式直接分开事物的阴阳双方，而是彼此间相互依赖、互为所用；（2）指出事物的任何一方均不能脱离另一方而单独存在，事物的阴阳双方统一而又对立，彼此和谐协调而又互相制约，对事物阴阳双方的动态平衡共同维护。

随着古人对"太极"理、象逐渐深入地研究，太极思维中的阴阳辩证法则逐渐被世人认可，这些辩证法则也作为认识问题和解决问题的根本法则，渗透到中国人的生存生活方式中，形成中国人的一种独特的思维方式。由此，武术运动的发展也受太极的影响。

"太极"文化的思想内涵在武术上的最好体现就是太极拳的出现。太极拳是中华传统文化的一朵奇葩，是以太极文化而创造的一种武术套路。比照太极图来看，太极拳中刚柔、动静、开合、虚实等统一对立状态，一致于太极图的阴阳消长、转化规律。太极拳招招不离弧形，式式都像圆形，以致于整套动作运转一气呵成、流畅连贯，太极图也是置于平面圆形中且双鱼环绕，恰如太极推手练习时，两人双搭手的形态。练习中双方臂膀组成环状，你进我退，不断变化，正符合彼阳吾阴、彼阴吾阳、交替变化、相互消长的规律。太极拳家认为，一切的原动力都是太极，宇宙有太极，人身也有太极，而且人身的腹部就是太极，因此《太极十三式歌》中就有"命意源头在腰隙，刻刻留心在腰间"一说。

四、五行说与武术

在中国传统哲学中，五行说是一个重要的有机组成部分。五行说认为水、木、金、火、土五种基本属性物质构成世界万物，即对宇宙万物和人体持续不断的变化和转化规律的把握，用来对事物发展变化的本源予以解释。这种学说较早出现在一些古书中，如《国语》《左传》《尚书·洪范》，等等。五行的属性，与水、木、金、火、土本身并不等同，而是类比事物的性质与五行的特性，从而得出事物的五行属性，如事物与水的特性相类似，而归属于水，与木的特性相类似则归属于木。世界上的万物都如此，都可以根据"五行"的属性进行归类。

在五行理论中，五行相互联系而又彼此制约，传统上把这种关系称为"相生相克"。五行相生，即水生木、木生火、火生土、土生金、金生水。五行相克，即水克火、火克金、金克木、木克土、土克水。

由于遵循"五行相生相胜"的原理，形意拳的一些生动活泼的各种练法和套路形成了。五行"相生"意味着相互促进，相互发展，五行拳之间的相生关系是：横拳变劈拳，劈拳变钻拳，钻拳变崩拳，崩拳变炮拳，炮拳变横拳。横拳被称为五拳之母，这是从五行中土是母而来。因为万物之根本是土，所以横拳被称为五行之母。五行"相胜"，即是"相克"，意味着互相排斥。五行拳"相胜"，即"相克"关系是：劈拳破崩拳，横拳破钻拳，钻拳破炮拳，炮拳破劈拳，崩拳破横拳。

人与自然均被古代朴素唯物主义思想家列为与五行有关的事物。春秋战国时期，中医学领域已经引用五行学说，且五行学说成为了中医学领域的基本理论之一。五行拳又进一步根据人有五官（目、耳、鼻、舌、口）五脏（心、肝、脾、肺、肾）与五行拳相配，形成了系统的理论。如钻拳属水，五官练耳，五脏练肾；崩拳属木，五官练目，五脏练肝；劈拳属金，五官练鼻，五脏练肺；炮拳属火，五官练舌，五脏练心；横拳属土，五官练口，五脏练脾。对五行拳进行操练时，要求内五行要静，外五行要动。静为本体，动为作用。静中求动，动中求静，内外五行合而为一体。

由上可知，构成形意拳结构模式和拳理的基础便是五行学说中"相生相克"的哲理。

五、道论与武术

老子提出了"道"这个命题。道有两个含义：一是指规律、法则，二是宇宙万物的本性、本源。在说明事物的根本时，老子认为宇宙万物之本源是"道"，万物之根本是"道"。他说："有物混成，先天地生……可以为天下母。吾不知名，字之曰道。"（《老子·二十五章》）

在道家和道教的思想体系中，宇宙的本质和终极价值是"道"，世界的根本法则与普遍规律也是"道"。道生万物，万物也归根于道，拳理也是如此。武术虽然变化万端，而惟一贯的是理。"理"贯穿于拳技的千变万化中，实质上即是老子所谓的"道"。老子说："道生一，一生二，二生三，三生万物。"拳家亦认为阴阳、刚柔、动静、虚实、种种相反相成、互为因果的千变万化是由这个根本的"理"而生出。

　　武术之道体现为技艺的最高境界，更表现为通过练拳习武而获得的一种对天道自然、宇宙万物生化之理的体验和体悟，以及超越性的生命体验和人生价值。在道的召唤下，拳技与武术不再是好勇斗狠的手段，也不仅仅是一种观赏、健身和自卫的生存性活动，而成为了"求道"的一种手段。

　　道生万物，万物归于道，拳理也是如此。天人相合、万物归根的精神体验与生命感悟可以通过武术中"术"和"艺"的实践而获得。由武而悟道合道，这是一种高层次的自我生命体悟与实现。形意拳师李洛能说："形意之用，器也，技也。形意之体，道也，神也。"一招一式的形似并不是拳技的本质，拳技的本质在于"通乎道""入乎神"。拳技是技艺招式，最基本的功夫要素有进退开合、闪展腾挪等。而这些功夫要素更是心灵的体悟，是展示武术之道的神韵、意境的方式。要获得中国武术之道的感悟，并非易事，只有在日积月累的长期锻炼、思索后，才能成功，即"得道"。

　　对于道，老子说得很玄乎，比如"道之为物，惟恍惟忽，忽兮恍兮，其中有象。恍兮忽兮，其中有物，窈兮冥兮，其中有精。"道是虚无的，道生万物亦不可捉摸。所以老子又云："玄之又玄，众妙之门。"那么，道究竟是什么呢？这个生宇宙万物的道究竟在哪里呢？"道法自然"，对于以上的问题，这一句算是说透说明了。道即自然，道法自然。悟道即是归于自然。这个自然不仅是自然规律，也不仅是自然界万物，而主要是一种被抽象出来的意义。它创生一切，但它又是"一"，又是"无"。武术追求的道，即是对天人合的追求。

六、气论与武术

　　"气论"是与"道论"一脉相承的庄子的思想。庄子认为宇宙万物的本源是"气"，气构成世界万物，人亦如此，也由气构成。传统武术文化深深地被这一思想影响。对于练气，内家拳不用说，外家拳也主张，"欲拿技击，先学数息，此本道家休养之术"。生命之形成，庄子也以"气"的聚散来解释：

"人之生，气之聚也。聚则为生，散则为死"。(《庄子·知北游篇》)

对于气的修炼，历代武术家都比较注重。养气、集气、运气、练气，被他们作为习武的基础。太极拳讲究"以意导气""以意调息"；长拳关于气息的调节方法有四种：提、托、聚、沉；形意拳要求"心与意合，意与气合，气与力合"。武术内练与自然的融合都是通过"气"来沟通，通过对"气"的习练，达到气聚、精固、内壮、体健的功效。

总之，老庄哲学的"道论"与"气论"，是中国古代哲学本体论的主要思想，是研究武术的重要哲学渊源，也是武术的根本。

第二节　武术与中国传统医学

一、中国传统医学简介

中国传统医学，由于近代传入西洋医学，人们习惯称其为中医。中医学是中国人民数千年来同疾病和不良的卫生环境作斗争的经验积累和理论概括，其内容十分丰富。中国传统医学源于伏羲、神农、黄帝以及上古之时俞附、岐伯等传说，虽有神话色彩，但反映了医药学萌芽时期的状况。把这些传说理解为始于一定时期的群体经验，可能更符合历史实际。近年来，中西医结合研究，无论在疗效总结还是在理论研究上都取得了有价值的成就，为国际上许多学者所关注。

医学与武术，殊途同归。健身强体、延年养生都是武术与医学的最终目的。武术与中国传统医学处在同一个大的文化氛围内，相互影响、交叉、渗透、包容。"拳起于易，理成于医"，这句武林谚语，应该说就是对这种影响、交叉、渗透、包容的最恰当的概括。如在《中华医学名人志》中，名医善武者 15 人；而据《中华武术大辞典》所计，武术家善医者 31 人。我国著名武术家郑怀贤、王子平，骨伤科医生也都是他们的正式社会身份。他们分别担任了中国武术家学会的主席、副主席，同时在中医伤科协会担任重要职位[1]。武术与中医同源于中国传统文化，武术中许多健身养生原理都根植于中医学理论。

二、精气神与武术

（一）中医精气神对武术的影响

1.精对武术的影响

中医学认为构成人体最原始的物质就是精，维持人体生长发育和生命活动的物质基础还是精。精有先天与后天之分，先天之精和后天之精是密切相关、相互依存的。人在出生以前，先天之精便为后天之精的吸收、加工、利用准备了技能和物质条件。后天之精不断摄入和化生则要依靠先天之精的活力资助，所以说若没有先天之精，也就不存在后天之精。人出生后，后天之精要不断给先天之精提供供养，使先天之精得以充养，从而长盛不衰，持续发挥其生理作用。因此，若没有后天之精，先天之精也就不存在。

五脏六腑不断地吸收后天之精，从而将后天之精转化为脏腑之精，脏腑之精充盛时又输送至肾。生身依仗先天之精，无先天之精则无以生身。养身依仗后天之精，无后天之精则无以养身。因此，可以通过对后天的补益以达到对先天不足的补养或祛病健身之功效。人体内的气与神都是无形的，所以有形的精，便被作为物质基础。古代气功养生之士练功时，也强调首先实精，精满则气壮，气壮则神旺，神旺则五脏功能健旺，输布精华滋养肌肤肢节，达到祛病、养生、延年之目的。武术强调以腰为轴，再配合四肢一起运动，

---

［1］ 赵国庆.中华武术文化解读［M］.武汉：湖北人民出版社，2004：83-84.

对肾脏及相应穴位予以刺激，促进生成津液，以充实后天之精、固守先天之精。

2.气对武术的影响

与"精"相似，"气"也有先天与后天之分。"先天之气"与"后天之气"是相互滋生、互为作用的。对此，前人有深刻认识，如《景岳全书》中指出："命门为元气之根，水火之宅，五脏之阴气非此不能滋，五脏之阳气非此不能发。"《灵枢·刺节真邪篇》说："真气者，所受于天，与谷气并而充身者也。"机体的各种生理现象，实质上都是脏气升降出入的具体体现。生命活动的原动力就是气的升降出入运动，人体生命活动发生、发展的根本机制就是气化，人体精气神三宝生化不息的源泉也是气化。因此，《难经·第八难》中曰："气者，人之根本也，根绝则茎叶枯矣。"

"先天之气"是人体原发性的"气"，故也称"元气"。肾是元气的根植地。元气禀受于父母先天之精气，通过脏器，如肾、肺以及脾等的综合作用而生成，既以先天的来源为基础，对后天正常的饮食营养和良好的自然环境也较为依赖。通过对元气的生成过程的了解，不难发现，其气的充盛与否，除了与先天禀赋、后天饮食营养以及自然环境等因素有关外，还紧密联系着机体本身的肺、脾胃、肾等生理功能状态。呼吸出入之气，其根在肾，其主在肺。肾主纳气，指肾具有摄纳肺吸入清气之功能。肺朝百脉，主一身之气。故《类证治裁·喘证》中曰："肺为气之主，肾为气之根，肺主出气，肾出纳气。"升清为脾主，受纳为胃主，脾升胃降，相辅相成，地位尤其重要，故有"脾胃为气机升降之枢纽"一说。从分布位置以及生理功能来看，肺、脾胃、肾又分属上、中、下三焦。主持诸气是三焦的主要生理功能，总司人体的气化，通行元气、水谷和水液。故肺、脾胃、肾等的生理功能，若任何一个环节失去平衡协调或者出现异常，对于气的生成都会造成影响，比如对气的生理功能的正常发挥造成影响，就会形成一些病理变化，如气虚等。若脾胃的运化功能失调，则会大大减弱生化水谷精气的作用，而致水谷不化，痰湿内生；如肺的呼吸功能失常，则难以顺利吸入自然界的清气，也难以排除体内浊气。所以我们要通过对后天的炼养，达到增加肺活量、增强脾胃及肺的功能的效果，通过后天的补益，以达到对先天不足的补养或者祛病健身之功效；如肾的闭藏功能减退，就难以充盈肾中精气，先天之精气的生理效应也就难以发挥。如在传统武术中，在练气时通过掌握火候以及选择恰当的时间及方位，运用肢体运动，对相应的脏腑器官及穴位予以刺激，而达到养气之目的。

3.神对武术的影响

神是由气化生而来的。《素问·六节脏象大论》曰："五味入口，藏于肠胃，味有所藏，以养五气，气和而生，精液相成，神乃有生。"《太平经》曰："人有气则有神，气绝则神亡。"

神也有先天和后天之分。先天神也称"元神"，不由意识支配并主宰生命现象之神。由于人在接受父母元精、气时，元神即存在，因此元神又称先天之神。后天神又称"识神"，包括人的知觉、思维、意识等，因为识神是脱离母体后，由感受事物而形成的，因此又称为后天之神。

人的最高活动——精神活动是由神主宰，若失神则人体正常的生命活动不能维持。因此《灵枢·移精变气篇》曰："得神者昌，失神者亡。"《淮南子·原道训》曰："耳目非去之也，然而不能应者，何也？神失其守也。"《灵枢·天年篇》则曰："百岁，五脏皆虚，神气皆去，形骸独居而终矣。"

精气神三者关系密切，相辅相成。《类经》曰："精全则气全，气全则神全。"《素问·玄机原病式》曰："本于阴阳之气，气能为精，精能为神，神能为明，故寿者当先守气而合神，精不去而共形，念此三合为一，……则太平气应矣。""精中生气，气中生神。"《太平经》曰："精气神三者，共为一体。故神者，乘气而行，精在其中也。三者相助为治，故人能长寿者，乃当爱气、养神、重精也。"

（二）武术对精气神学说的吸收

传统医学的精气神学说，中国武术理论将其完整地吸收到自己的体系中。中国武术几乎所有拳种流派的宗旨就是"内外兼修"。《拳意内练·神运经》则强调："练形而能坚，练精而能实，练气而能壮，练神而能飞。"《少林拳术秘诀》云："少林五拳，各有其妙用。龙拳练精，蛇拳练气，虎拳练力，豹拳练骨，鹤拳练神。"北拳要求"外练手眼身法步，内练精神气力功"。

古代道教徒，在传统医学对精气神的认识之上，实践并总结出了一整套养生方法，即"炼精化气""炼气化神""化神还虚"。武术将之也吸收到自己的内功体系之中。

刘兴汉《游身八卦连环掌》中记载，游身八卦连环掌也有所谓"三层道理"：（1）炼精化气，对拳术进行练习时，要旁若无人，集中精神，排除杂念，气沉丹田。（2）炼气化神，是指对拳术进行练习时，精神面貌焕然一新，气血能随意而达于四梢，力举千斤而面不改色。（3）化神还虚，是指功夫练到炉火纯青之时，人似返老还童，身体轻灵，气血百脉畅通无阻，外不动而有内动之感。

据曹志清的《形意拳理论研究》记载，形意拳内功有所谓三层功夫的根本法则。第一层，谓之炼精化气，即小周天循环法。在形意拳中，称之两仪；第二层，谓之炼气化神，即大周天循环法，在形意拳中，称之三才势亦或三体势；第三层，谓之化神还虚，在形意拳中，即有意而不必专着于意，有规但不必专循于规，进入了得心应手、随心所欲的高级阶段，即"拳无拳，意无意，无意之中是真意"。

三、经络学说与武术

经络学说，是研究人体经络的一些基础理论的学说，如经络系统的组成、循环分布、生理功能、病理变化等，贯穿于中医病理、生理、诊断和防治等各个方面。《扁鹊心书》中云："学医不知经络，开口动手便错。盖经络不明，无以识病症之根源，究阴阳之传变。"由此，经络学说的重要性便显而易见。

经络，是经脉和络脉的总称，是人体结构的重要组成部分，是运行气血，沟通内外上下，联络脏腑形体官窍，感应传导信息的通路系统。

经，有路径的含义，有固定的循行部位，多为纵行。经络系统的主干就是经脉。

络，有网络之意，可循行浅表，纵横交叉，网络全身，无处不至。络脉是经脉的分支。

（一）经络学说对点穴武功的影响

中国典籍中不乏有关点穴法的记载：

黄宗羲所撰《王征南墓志铭》中载王征南"凡搏人皆以其穴"。据说，有一次王征南被一个恶少侮辱了，一击之下，这个恶少数日都撒不出尿来。恶少登门道歉陪礼后，王征南才把他的穴道解开。王征南的手法被一个牧童偷学了。这个牧童用来点击伙伴，伙伴立即就死去了。便请来了王征南。王征南问明情况后，说这是晕穴，时间不久便会苏醒过来。果然过了一会儿，牧童的小伙伴就苏醒过来了。

《少林拳术秘诀》中曰："盖以三丰，绰号张腊遢，为明时技击术之泰斗。……能融贯少林宗法，而著力于气功神化之学。晚年更发明七十二穴点按术，为北派中之神功巨子。"

传统医学认为：人体有手阳明大肠经、手太阴肺经、足阳明胃经，足太阴脾经、手太阳小肠经、手少阴心经、足太阳膀胱经、足少阴肾经、少阳三焦经、手厥阴心包经、手足少阳胆经、足厥阴肝经，即"十二经脉"。人体又有督脉、任脉、冲脉、带脉、阴跷脉、阳跷脉、阴维脉、阳维脉，即"奇经八脉"。穴位，也有称为穴道、腧穴的，遍布在经脉的行经处。奇经八脉中六脉没有本经的穴位，包括冲脉、带脉、阴跷脉、阳跷脉、阴维脉和阳维脉。十二经加上奇经八脉中的督脉、任脉，共有三百六十余穴位。此外还有若干"经外奇穴"。经络、脏腑气血输注出入处就是穴位，在穴位处施以某种刺激，便可壅塞、阻断经脉的气血运行。《灵枢·经脉》曰："经脉者，所以能决生死，处百病，调虚实，不可不通。"经脉的壅塞、阻断，便会破坏脏腑的正常功能。武术的点穴法，其理论依据就是传统医学的经络学说。

（二）经络学说对武术动作的影响

经络与内脏也有一定的联系。人的手足侧面和外侧面布满了经络的十二经，经脉上又有许多穴位，经常适度地、有目的地对手足进行活动，无疑对疏通经络、调节脏腑机能、强身健体、延缓衰老等起到很大的作用。

体表和内脏之间相互影响的活动是经络的主要活动。太极拳练到一定的时间，会出现腹鸣、发胀、指尖酸麻、针刺感等感觉，这正是人体内行气的现象，也是经络畅通的表现。首先，太极拳的"主宰于腰""气沉丹田""虚灵顶劲"，是任脉、督脉、带脉、冲脉的重要锻炼方法，腰部松沉直竖地微微旋转，且带动上下肢，这种动作既对任督二脉予以锻炼，又会使带脉膨胀，肾部充实，长时间坚持此动作的练习，能使带脉一周肌肉丰满，小腹部冲脉有气势旺盛之感。其次，太极拳的"尾闾中正"，是尾闾骨向正前方，这有助于稳定重心，加强发力。最后，太极拳的"缠绕运动，动贯四梢"，要求动作螺旋式走弧形，成为圆运动，使韧带、肌肉纤维和关节在连贯、均匀的反复旋转中得到运动，调整呼吸，畅通气血，流转贯注于四肢，达到本固则枝荣的目的。可见太极拳健身与治病的原理，是通过内功与外功，使丹田之气受鼓荡而推动奇经中的任脉、督脉、冲脉、带脉。进而对人体十二正经之气血进行调节，使人体内疏通经络、培蓄精气、扶正祛邪，最终达到"阴平阳秘，精神乃治""祛病健身、抗老益寿"的功效。

四、针灸与武术

武术与针灸的关系也十分密切。

当年袁世凯患头痛病，诸医束手无策，一代宗师黄石屏先生前往诊治，结果一针刚下，头痛立止。黄石屏不仅是一个针灸学专家，同时还是一个大武术家、大气功师，将武术、气功结合运用于针灸之中，自然就可以收到事半功倍的效果。

据黄岁松《黄氏家传针灸》一书介绍：黄石屏针法的特点之一就是必须精通少林拳术和内外气功，才能将全身精、气、神三宝运于二指之上，然后旋于患者患处。他在回忆黄石屏治病时的情景说："必先临诊切脉，沉吟良久，立启目，生杀气，将左右两手握拳运力，只闻手指骨啪啪作响。然后操针在手，擦磨数次，将针缠于手指上，复将伸直者数次，衔于口内，手如握虎，势如摘龙，聚精会神，先以左手大拇指在患者身上按穴，右手持针在按定穴位处于点数处，将针慢慢以阴劲送入肌肉内，病者有觉痛苦，直达病所，而疾霍然。"[1]

结合了武术与气功的针灸，更能迅速激发人体的自然潜能和免疫能力，正所谓"刺之要，气至而有效"，从而达到神奇的治疗效果。更好比是相同的一拳，看上去都是漫不经心、大同小异，实际上分别由武术家、拳击家或者是普通人打出，其速度与力量自不可同日而语、相提并论。

由此可见，医易为武学之纲，武学为医易之用。医、武在本质上是相通的，它们都是为人类健康服务的，值得习武者传承并发扬光大。

---

[1] 何柳泓，徐飞，李宁.武术传统文化诠释与新学练［M］.北京：当代中国出版社，2011：26.

第三节　武术与中国传统美学

一、中国传统美学简介

中国传统美学是以儒家美学思想为主体，儒、佛、道三种主要思想互相矛盾、互相补充、互相融合的有机整体。在这个矛盾、互补、融合的漫长过程中，逐渐铸成了中国美学的伦理型模式。从来源于周代的"诗言志"说，到确立于唐代的"文以载通"说，再到清代末年的"小说革命"和"诗界革命"，乃至"五四"时期的白话文运动及"为人生而文学"观念的流变，直至新中国成立以后不断深化的干预生活和现实主义主张，都反映了中国传统美学的政治伦理模式的巨大力量。

很早以前，中国人的审美活动就集中在社会美之上，特别是人格美之上，即对那种与善密切相关的美格外欣赏。孔子的"里仁为美"、孟子的"充实之谓美"、荀子的"不全不粹之不足以为美"、庄子的"素朴而天下莫与争美""淡然无极而众关从之"，都与人的内在修养和品德性情息息相关。在对自然美进行欣赏的时候，中国人也往往对于人类自身也无法忘怀，总要从自然之物与人类及其精神的关联之中去寻求美的意义。因此，有所谓"智者乐水，仁者乐山"的审美"比德说"。这种比德说，成为中国古代文人的审美理想和审美观念，如王维、陶渊明、苏东坡等人。

美学研究的三大块范围是审美主体、审美客体以及二者之间的相互作用（即审美创造）。由于中国传统美学对人与现实的审美关系是从伦理关系出发来研究，所以，审美关系之中的审美主体是中国传统美学的主要专注对象，即使是对审美客体进行研究，也是把审美客体放在审美主体的意向之中来加以审视。

中国古代的艺术哲学或诗学（文学理论），从孔子开始，不论是书信、语录、评点、感想，还是鸿篇巨制、成本短篇，总体上都是以审美直观的方式，根据作者的感悟、兴致阐释，把艺术现象和艺术作品当作一个审美整体对象，深入到艺术现象和艺术作品的精微之处，对于文学艺术的根本原理进行归纳和领会，总结综合出许多联成网络的文学艺术规律。这样的艺术哲学和诗学，当然在现象上就显得任意、零故、模糊，不过，实质上它常常倒是悟到了艺术真谛，触及了诗之命脉，让接受者在审美享受之中去感悟体验领略文艺，从而能够以他人之道契合一己之道，沟通了从艺术哲学迁回到艺术实践的津梁。

因此，可以知道中国传统美学具有以下几个特点：

（1）中国美学具有伦理政治色彩；

（2）中国美学更倾向于审美主体的研究；

（3）中国美学主要是审美直觉型的。

二、传统美学在武术中的体现

（一）美在武术运动中是经过创造的

高尔基曾说对感官和理智发生影响，如同一种力量，使人在他的创造能力面前发生惊异、高兴和自豪。偶尔在马路上看人练套路，你会说不实用、花架子，这是因为你处于实用的生活环境中，从功利的角度去思考、去看待。客体所创造的艺术传递到主体观众，产生"移情作用"，创造者以情创造图景，观众观图景而生情，情产生了转移，如沛公舞剑、公孙大娘舞剑等。

武术套路运动的表演具有极强的震撼力和感染力，武术的演练能把观众引入艺术之境，令他们欣喜如狂、赞叹不已，甚至产生"移情"作用，使观众"物我两忘"，从而"内模仿"，这种情况则需要演练者功夫的炉火纯青，需要演练者和指导者精心地提炼和创造，需要演练者对指导者的创造意图充分地予以表达，将武术套路当作艺术精品来打造与演绎。武术套路运动赢得观众的掌声不是靠悬念、不是靠强刺激（散打、拳击等具有强烈的视觉冲击力），而是靠艺术魅力。这种艺术魅力来源于扎实的功力和艺术创造产生的美。美是客观存在的，在武术的产生之初就伴随武术存在，并在武术运动中不断创造。

（二）美在武术运动中是客观的反应

车尔尼雪夫斯基认为"美是生活，美应当显示生活，或使我们想起生活"[1]。人们的艺术创造应是生活的再现，从而唤起人们对生活的回忆。人们通过对其认识与理解，从而感受了事物的美。武术套路运动，令人联想战斗、格斗的"生活"图景，从勇气到智慧，由技艺到功夫，崇高的美无不表现的淋漓尽致。武术的套路技术魅力其根本出发点是直接表现战斗、技击，它要通过演练者的攻防技术、节奏、劲力、神采等来体现战斗的"生活"，不同于舞蹈、体操、戏曲、杂技。

武术的演练体现了攻防。武术套路是人们经过"推敲""琢磨"，对技击术进行提炼、加工，而表现了一种战斗的"生活"。习练者的不断体悟，在"知其然，知其所以然"的演练中得到升华，使演练者表现出神形兼备的攻防形象，使观众在观看的过程中，体会到武术运动的美。

（三）武术运动中的"距离"美

事物有知识属性、实用属性、审美属性三种属性；审美主体的人有知识态度、功利态度、审美态度三种态度。事物属性与主体态度的不同，会产生大相径庭的感受（审美价值、经济价值、形象风格）。如春雨绵绵的天气，无

---

[1] 王岗.中国武术技术要义［M］.太原：山西科学技术出版社，2009：231.

论是户外行事还是行路，都感不便，但诗人、画家感受到的却是一种诗情画意的氛围。这种诗情画意是由"心理距离"而发，它是主体的人抛开功利、知识，以艺术的眼光、审美的态度去感受绵绵春雨，才能感受到大自然的美。齐白石先生说："不似则欺世，太似则媚俗。"[1] 似与不似之间，似之。

这都体现了"距离"的美。因此，依存客体的艺术家需要通过创造将作品与现实拉开距离，才能突出审美的特性。

武术运动的魅力，正在于它从攻防中提炼而得。它所提炼出的手眼身法步、精神气力功，是对格斗技术进行的再创造、提炼、升华，使之与实用攻防拉开一定的距离。否则，把散打动作连成一套也不会有魅力，把斗殴的动作编成套路也没法看。过去的武术家们能进行提炼和创造，现代人也能进行新的创造，时代也会接受，人民也会欢迎。继承传统，发扬传统，超越传统，是弘扬传统文化的同一主题。

三、武术与传统美学的契合

（一）"形""神"方面

"神"是中国古典美学的基本范畴之一。在武术中，"神"指的是与形体相对的精神，透露了中国人的审美信息。通常我们所说的形式美是指自然事物的一些属性，如线条、色彩、声音等在一种合乎规律的联系，如均衡对称、整齐一律、多样统一中所表现出的那些可以引起美感的审美特性。但如果将"形""神"体现在古老东方肢体信息的武术中，其独立而又广泛的美学范畴得以升华。最早在《庄子·渔夫》中出现"神"的美学范畴，即"真在内者，神动于外，是所以贵也。"《周易·说卦》曰："变而通之以尽利，鼓之舞之以尽神""神也者，妙万物而为言者也"。在武术动作中，对"神"最为简单而

---

[1] 朱文相.朱文相戏曲文集［M］.北京：中国戏剧出版社，2004:9.

又形象的描绘是：手眼身法步，精神气力功。最为基础的动作就是手眼身法步，如冲拳要求双眼凝视，力达拳面，拳从腰间冲出，发力瞬间，地面为其力源，瞬间完成动作，形成定势之美。"形"指的是武术运动的外在造型，其本质大多为技击，讲求结构合理，追求艺术效果。武术拳种中，鹤拳、戳脚、螳螂拳、地躺拳等拳种的命名，是传统武术的形神观的直接体现。而这些拳种的创编正是在先人对其它动物的细微观察和对生活经验的总结基础之上建立起来的。如戳脚是一门以脚、腿法为主要运动部位的武术运动。动作以腿部勇猛刚劲为主，刚中有柔，灵活多变。主要以劈、刁、缠、挑、搂、拍、架等以躯干带动四肢进行习练。其独特的形神审美在电影《少林寺》中通过李连杰的演练得到大众的广泛认可。套路中"狸猫上树"是手脚并起，下肢起脚蹬其胫骨或腹部，卡住对方咽喉。体现了形神合一、指虚打实、灵活多变的动作特点。"戳脚中'九翻鸳鸯脚'是九套动作，彼此之间互接互连，变化多端。'鸳鸯'是因其动作一步一腿，一步一脚，一左一右，成双成偶，连续不断，故称为鸳鸯脚。还有则取其象形之意，最为典型的腿法是，腿部向后撩踢时，两手臂各自向前后上方挑摆，整个身体打出背弓，其造型如同鸳鸯"[1]。由此不仅体现出武术动作的实用性，在象形的基础上还体现了对肢体美的创造，尤其在动作的造型上促使武术形神形象的升华。

（二）"阴""阳"方面

阴阳之美也就是在武术演练中的虚实、动静、刚柔、攻防等一系列对比强烈的武术技巧与武术节奏变化之中所呈现出的视觉、心理与情感方面的美感，兼具美学性与搏击性的双重特征，由此成为我国传统武术独具个性的审美特征之一。

---

[1] 门惠丰.戳脚［M］.北京：人民体育出版社，1988：1-2.

首先，《剑经》中曰："刚在他人先，柔乘他人后。"《易经·系辞上》曰："刚柔者，昼夜之象也。"传统拳法将"刚"与"柔"、"阳"与"阴"等视为一对矛盾。"气势雄辉，刚力威猛"与"轻盈灵快，柔丝化劲"并不是对立的，而是通过互相转化，从而带来灵动自然之美；而刚柔结合，相济相生，则更产生一种挥洒有度、跌宕起伏、收放自如之感。如太极拳刚柔之形兼具，阳刚与阴柔之美相互转化，在从刚到柔、从柔到刚的转化过程中，产生一种快慢交融、动静结合、时放时收、刚柔并济的审美效果。又如八卦掌刚柔鲜明，刚劲之出，则强劲雄伟，气势宏大，如风出谷，如泰山压顶，呈现出势不可挡的雄壮阳刚之感；柔劲之出，则绵软如烟，在行云流水的动势中，给人以自然流畅、委婉清幽之美。此外，其他诸多武术套路也呈现出相似的或刚柔相济、或刚柔分明的风格特征，结合自身拳术独特的技巧，呈现出风格迥异的审美观感。

其次，虚实表现要求武者做到"拳无拳，意无意，无意之中是真意"的效果。"阴阳变化之美"同样是武术演练的重要内容之一。《庄子·说剑》曰："夫为剑者，示之以虚，开之以利，后之以发，先之以至。"《吴子·料敌》曰："用兵必须审敌虚实而趋其危。"由此看出，在武术搏击中，"虚实"的应用是取敌制胜的重要技巧之一，但在肢体动作的灵活变换、出奇制胜之中，尤其是在不确定竞技结果的情况下，由此给观赏者带来意想不到的技术技巧或者是比赛结果，从而产生心理上的渴望、注意力的集中等一系列审美体验。如两人赤手空拳进行搏斗，一击重拳迎面而来，对方迎掌相对，不料半途拳突然变掌，向对方的胸部急攻，从而双方的胜负状态扭转。在虚虚实实之中给人以出其不意、应接不暇的视觉、心理与情感方面的审美体验。

最后，武术演练的"动静之间"不仅给人以个性化的视觉审美感受，而且还能够使人的意念处于空灵状态，进而产生无限遐想，从而带来独特的心理审美体验。《太极拳论》曰："太极者无极而生，动静之机，阴阳之用也；动之则分，静之则合。"大意是，武术演练中的动静不仅给武者提供了呼吸和放松身体的机会，或者是简单意义上的运动和静止，而且也能够产生"意念较量""不动之动"的竞技效果。而观赏者对于武术演练的"动静"则充满遐想，由此产生心理上或情感上的审美评价。如武者在一系列急速的动作之后，突然呈现出腾起空中又落于无声之势，如排山倒海后的力量的积蓄，蓄势待发。那么，武者是怎样考虑的，接下来的武术动作的呈现又是什么样的，等等。观众浮想联翩，产生一种异常投入、异常兴奋的审美感受。

（三）"意""韵"方面

在中国传统文学艺术门类中，"意"作为的一个重要美学范畴，经由南北朝于唐代形成。在概念上，意是艺术创作的情感理想，是情理的统一；境是指具体事项的客观反映，是神形的统一。情、理，神、形，相依相附，相互融合，这种主客观浑然融合后而产生的一种只可意会不可言传之感，就是意境。在传统美学中，有时候意境又被称为神韵，尽管语言的用词、表述不一样，但是，意境和神韵的意思是相同的。在中国传统美学中有着特殊的表现方法，中国传统美学所指的并不是具体对象的实体，而是一种韵律和气势，所流露出来的是一种抒情言自写意的审美，长期以来这样的审美决定了艺术作品的创作特点，同时这种创作特点也影响熏陶着人们的审美能力和方向。

"意"即审美意识的主导方面，指主观趣旨、意识及其在创作中的艺术表现。"韵"，指超然于世俗之外的含蓄生动的气度、风采。中国传统美学对写意比较讲究，如"写一时之意，意尽则止""意存笔先，画尽意在""意深则意远"，等等。在艺术创造中提倡对形象特征独到的把握，强调对所要表现对象的深刻体验，融入自己的主观评价和理解。写意的原则导致了武术在神韵、气质上对形神兼备的追求与向往，然而更为强调传神而脱形。习武者应在整个演练过程中贯穿现实的审美感受，"意发神传，心动形随""立象以尽意"，以达到意境美。武术的意境美综合了实用性和艺术性，超越了纯自然状态，具有更浓郁的民族特色。

"韵"在中国传统美学中占有独特的位置，通常指那种抒发作者主观审美体验，雅致清奇、委婉含蓄、生动自然、趣味无穷的意境。在武术中的体现，就是通过演练者的动作、风貌以及神态，展示特有的东方古典之美，激起欣赏者的情思以及联想，以获得"言外之意""味外之味""象外之象"，从而唤起意犹未尽的美感。"韵"，表现了武术的含蓄之美。当演练者在具体的动作招式中融入自己的主观情意，表达出自己对现实生活独特的审美情趣和审美感受，在武术动作和技术中抒情写意，展现审美理想，即可以说已达到了"取韵"阶段。尽管由于不同的欣赏者其审美判断力和审美经验不同，使"韵"的内容具有不确定性以及丰富多样性，但"韵"这一审美范畴，仍不失为武术最重要的审美特征之一。

中国武术是最富有民族审美文化特色的传统项目，是东方传统文化长期积淀后在审美意识上的一种外在显现。在历经岁月的洗礼后，已具独特的审美价值，其基本的表现形式和审美特征也已成为武术运动自身理论体系的一个重要侧面。我们进行武术美研究、感受、欣赏、表现以及创造都必须建立在东方传统文化、中国传统美学的基础之上。

第四节　武术与中国古代军事文化

一、军事文化简介

军事是指人们以有组织的武装冲突作为手段，维护或获取自身利益的社会活动。文化的涵义大致包括两个方面：（1）是指人类摆脱野蛮的文明化过程；（2）是指人类在这一文明化过程中所创造的一切物质和精神产物。军事文化可理解为在文明化的过程中，人们在从事军事活动中所创造的一切物质和精神产物。中国军事文化是指以汉民族为核心的中华民族在其生存环境中、文明化进程中因从事军事活动而创造的一切物质和精神的产物。

军事文化是一个复合体，大体可分为军事精神文化、军事物质文化、军事行为文化三个方面。军事精神文化，是直接反映军队、军人及军事活动的观念形态的过程及其成果的总和。它包括军队建设的原则、方针和指导思想；军人的价值观念、思想道德；军事理论和军事教育；军事科学技术；等等。军事物质文化，是指军队、军人及军事活动赖以存在和发展的物质基础和物质成果。它包括军队军用设施，如阵地、武器、城堡等，是反映军人、军队及军事活动需要的精神和观念的凝结和物化。军事行为文化，是指作为军队和军事活动主体的军人的行为准则、规章制度、活动方式以及管理模式等。它包括军队的各种制度和纪律、军人的行为礼仪和军容形象。军事行为文化是一种以军人的形象和行为为主要表现形式的军事文化。

军事文化具有以下作用：

（1）通过思想政治教育，强化军人精神支柱；

（2）通过法律制度规范军人行为，强化依法治军意识；

（3）通过科技强军提高战斗力，实现质量建军的战略目标；

（4）通过文化熏陶，努力提高官兵综合素质；

（5）军事文化对保持人民军队的性质有重要作用。

二、军事需要与武术

从某种意义上讲，人类社会的文明史就是血与火相伴相随的战争史。由于民族内部、民族与民族之间异常尖锐的矛盾冲突，自古以来，中国社会战争频繁，农民起义、列强争霸、改朝换代，使中国大地上的烽烟不绝。早在民族社会，部落与部落之间的战争就已经开始爆发，《兵迹》曰"民物相攘而有武矣"。兵器在这些战争中已经开始使用，远则用箭，近则用刀、斧、棍棒，广泛使用击、劈、砍、扎、打、刺等技击方法，以致于相当一部分历史学家认为武术的源头就是战争。马爱民教授认为："商王朝频繁对周边许多方国进行的征伐活动中，弓箭、戈矛大量投入战场，成为最重要和最有效的进攻与防身武器。这为商代以后中国兵器武艺的进一步发展奠定了很好的基础。正是由于战争的推动，加速了搏斗技能的进步和提高，武器不断在战争的实践中加以改进。在充满血与火的战争洗礼下，商代的武艺活动走向了新的阶段"。[1] 的确，暴力冲突的最高形式就是战争，而作为一种暴力手段的武术，自然而然，人们将武术、军事、战争三者紧密联系在一起，且对它们之间所具有的渊源关系毫不怀疑。在冷兵器时代，武技主要作为战争厮杀的最直接的手段，作为战争的一部分而存在，因此各个国家和民族都高度重视武技。中国武术博大精深、枝繁叶茂，军事需要是一个重要的原因，尤其是在冷兵器时代。

三、军事思想与武术

军事思想是关于战争和军事问题的高层次的系统的理性认识。它揭示战争的基本规律、进行战争的指导规律以及战争的本质，阐明了军队建设的基本理论和原则，从总体上反映了研究军事和战争问题的成果。中国军事思想是中华民族整个思想文化的重要组成部分。

（一）胆气为先，敢打必胜

《吴子》曰："凡兵战之场，立尸之地。必死则生，幸生则死。"意思是一进入战场，第一位的是勇敢。必须要有勇气，敢于拼命。武术技击亦然。所

---

[1] 周亚坤.浅析中国古代军事对武术的促进作用 [J]．太原城市职业技术学院学报，2009（10）：143.

以武术技击术放在第一位历来是胆气，叫做"一打胆"，胆气第一。两人相搏，"狭路相逢勇者胜"。

有不少武术著作都强调胆气的重要性。《戳脚交手要诀》曰："凡与人交手务要壮起胆来，盖胆者心之辅，胆壮则心亮，手脚自不忙乱。"《大成拳诀》曰："胆气放纵，处处有法，胆怯心虚，不能取胜。"《少林拳术秘诀》曰："欲学技击必须破生死关。"《少林交手诀》曰："一虎能胜十人胆，临敌要有十虎勇，一人胆大百人怕，孤将勇猛万夫惊。"形意拳谚讲："放胆即成功""与人较胜无需备，去意如同卷地风""打人如走路，看人似蒿草""如若不胜，必有怯敌之心"。总之，是不能与一上场就胆小如鼠、怕伤怕疼、畏首畏脚、甚至一见血或见对方的吓人气势就晕头转向、六神无主的人论技击的。只有把胆气放在第一位，敢打敢拼，亦即只有战略上藐视敌人，拥有能战胜对手的必胜决心，才能对制敌的一切战术手段正确运用。才能在得势得机时，以迅雷不及掩耳之势打击对手；在失势失机时不灰心丧气，坚强信心，积极地采取一切办法来变劣势为优势；在遭受挫折甚至在受伤时，仍然信心十足，拼搏到底，力挽狂澜，以求一线生机。这样，才能与强者相较，与勇者相斗，与狠者相拼。才能在各种状态下以及在面对不同类型的对手的情况下拼搏到底，以赢得技击的胜利。

（二）知己知彼，审时度势

著名军事家孙子在《孙子兵法》中提出的指导战争的最为重要的原则就是"知己知彼"。在确定战略战术时，"知己知彼"被视为必须遵循的最重要的思想。武术技击直接汲取这一重要原则作为其指导思想。如今，习武者均强调在应敌制敌中"知己知彼"的极端重要性。关于"知己知彼"是如何做到的，也有不少论述。如王宗岳《太极拳论》强调"人不知我，我独知人""欲要引进落空，四两拨千斤，先要知己知彼"[1]。因此，"知己知彼"是武术技击取胜的先决条件，也是军事理论应用于武术实践的典范。

"审时"即是对时机的把握，"度势"即是对实力的衡量。如同高明的军事家，高明的技击家也要善于审时度势，做出恰如其分的判断、分析，找到对路的应对方法与策略，采取行之有效的行动。在武术技击中，"审时度势"是取胜的重要一环。

度势，是衡量双方的实力。在实力相当时，势就比较重要了，即"实力相当，得势者胜"。势，是一种突发性冲击力量。充分发挥主观能动性，正确地运用虚实和奇正就能造成"势险节短"压倒对手的态势，从而迸发出锐不可当之势战胜对手。"激流汹涌澎湃，以至能冲走石头，这是由于水势险急。凶猛的鸟类急速飞行，以至能捕杀小鸟，那是由于冲击急骤。所以善于作战的人，他所造成的形势是险峻的，其冲击节奏是急骤的，形势险峻得像待载的弩，节奏急骤得像触发的弩机"[2]。利用好的态势，产生好的形势，就能转弱为强。由力量的对比而形成坚强和虚弱，由形势的好坏而勇猛或怯懦。在技击中，若打击动作一出就能击中对方，就会有好的态势，你越打越顺；而你若一直处于被动挨打的态势，即使你再勇敢也会害怕，再有力量也无法使出。

（三）先发制人，突袭快准

和战争一样，武术技击赢得胜利的前提也是创造与捕捉战机。"兵家推其先人，故能有奇人之心"[3]。军事家注重先发制人，主动粉碎敌人的企图，使敌人处于被动之势，进而制服敌人。武术亦是如此。

---

[1]《走架打手行功要言》。

[2]《孙子·兵势篇》。

[3] 贾亮，黎桂华，金龙.武术传统文化与实用套路解析［M］.北京：中国商务出版社，2008：55.

要做到先发制人，要有许多条件作保证。（1）要注意先"治气"，即要有士气。现代的技击家，要有献身武术事业、振兴中华武术、为国争光的志气，要有敢打必胜的信心和勇气；（2）要注意先"治力"，即所练的技击术要有威力，要具备防守和进攻的实力，守无不固，攻无不破；（3）要注意先"治心"，即攻防意识要强，足智多谋，能够识破敌人的一切圈套。胜不骄，败不馁，心静神清，毅力过人；（4）要注意先"治变"，即要有较强的临场应变能力，能适应不同对手以及各种情况。只有平时的苦练和积累，实战才会胜利，即"先为不可胜，以待敌之可胜"。有了一定的胜利的把握，再去实战。而不是搏斗起来了才去寻找胜利的条件。

为保证先发制人，一方面，技击速度是相当重要的。很大程度上技击的有效性取决于攻防的到位速度。另外一方面，技击力量也是相当重要的。技击中能很快地从动到静或很快地从静到动都能产生很大的力量。这对高度的速度变化控制能力要求较高。

中国武术各拳种对技击速度都非常注意，如形意拳主张暗化三劲，三层功夫，三种境界上的快法不同。暗劲时要求："起似蛰龙升天，落如劈雷击地，起无形，落无踪，去意好似卷地风。"明劲时要求："起如箭，落如风，追风赶月不放松，起如风，落如箭，打倒还嫌慢。"化劲时要求："拳打三节不见形，如见形影不为能。"主张"气随心意随时用，硬打硬进无遮拦"，认为"进步不胜，必有怯敌之心"。形成了一种特别迅速、猛烈，极其讲究先发制人的拳种。

如《少林交战诀》中曰："交战更宜手足疾，起落出收快如风，手出足起不见影，着落稳准如钉钉""左右闪躲如电闪，回身就像箭射鹰，疾如快箭踏跳飞，胜似平地降天兵。"要求两腿行走如风，窜跃蹦跳敏捷迅速，闪展腾挪，轻灵如燕。并用各种腿法来对技击的长度和力度予以保障，以达到一寸长一寸先、一寸长一寸强的先发制人的目的。

四、军事著作与武术

在古代兵学史上，对于武术文化的发展来说，许多兵书战策起着至关重要的作用。著名兵家如孙子、孙膑等为古代兵法以及武术的发展奠定了基础。中国古代统帅、将领，武艺出众者甚多。有的著作兵书战策，有的创编拳种，为武术的发展做出了贡献。中国古代兵法著作不仅在数量上堪称世界之最，在战略战术思想的研究建树上也独领风骚。

宋代的《武经总要》是由政权机关组织编写的兵书。此书对各类武术器械的分类予以文字及绘图说明，是首次对古代武术系统地研究整理。明代兵家辈出，对武术尤其有着特殊的贡献。重要的有俞大猷《剑经》、何良臣《阵纪》、唐顺之《武编》、戚继光《纪效新书》与《练兵实纪》、郑若曾《江南经略》，等等，这些兵书战策对《孙子兵法》中的辩证思维方法都或多或少的借鉴甚至引用，直接影响了武术的发展。

（一）《孙子兵法》对武术的影响

《孙子兵法》又称《孙子》《吴孙子》《孙武兵法》等，被列于宋代官方颁布的《武经七书》之首，是中国兵学的奠基之作，被后世尊为"武学奇书""兵家圣典""东方兵学鼻祖"。

史籍上对《孙子兵法》的篇目有着不同的记载。《汉书·艺文志》则载"吴孙子兵法八十二篇"，《史记》上载有"十三篇"。现如今，我们所见到的《孙子兵法》包括计篇、作战篇、谋攻篇、形篇、势篇、虚实篇、军争篇、九变篇、行军篇、地形篇、九地篇、火攻篇和用间篇，共十三篇。

作为我国古代军事理论文化遗产中的瑰宝，《孙子兵法》凝聚着我国古代优秀的军事思想。

从战略运筹上来说，《孙子兵法》注重谋略在战争中的重要作用，指出

"兵者，国之大事，死生之地，存亡之道，不可不察也。"在对待战争的看法上，强调"慎战"，多谋划"夫未战而庙算胜者，得算多也；未战而庙算不胜者，得算少也，多算胜，少算不胜，而况于无算乎！吾以此观之，胜负见矣。"

从作战指挥中来看，《孙子兵法》对主客观因素对战争的影响比较讲究，如战斗的物质准备、兵力的强弱、兵力的配置等。同时，书中指出"计利以听，乃为之势，以佐其外"，大意是将有利的计策设法造成有利的态势，以辅助对外的军事行动。这就需要在战争中对于人的主观能动性要充分发挥，对于兵力要灵活地运用，掌握作战的主动权。

在军事地理方面及特殊战法上，《孙子兵法》中也有说明。地形篇中对于六类不同的地形予以叙述，并指出相应的措施；九地篇中涉及了九种不同的作战环境及对应的应敌对策；用间篇中讲了将五种间谍配合使用的战术；火攻篇中也叙述了利用火攻帮助作战的战术。

在战场机变中，《孙子兵法》提出要先发制人、夺取先机，根据地方不同采取措施不同以及如何在行军中勘察敌情等问题。除此之外，书中对于纪律严明、教育士兵的重要性也予以强调，如"故令之以文，齐之以武，是谓必取。令素行以教其民，则民服；令不素行以教其民，则民不服。令素行者，与众相得也"。

（二）《纪效新书》《练兵实纪》对武术的影响

明代抗倭名将戚继光所著的《纪效新书》和《练兵实纪》不仅融会贯通了古代兵法的精华，且有自己的观点和创见。他以浅显明畅的语言、通俗易懂的文字阐述了深邃的武术技击理论。

《纪效新书》共总叙一卷，正文十八卷。总叙一卷含两篇《公移》、一篇《纪效或问》。两篇《公移》以论辩的形式对在抗倭战争中练兵的可行性与必要性予以反复阐明。《纪效或问》则以问答的形式，意图对练兵中的许多疑难问题予以解决。正文中《比较篇第六》主要讲比较武艺，在各种军事武艺技术训练时，经过比较，纠正不准确、不正确的动作，使士兵真正掌握合乎实战需求与要求的各种作战动作。习练武艺要学一击致敌死命的真本领，不能搞花架子。

《练兵实纪》共九卷，附杂集六卷。正集一至九卷为：练伍法、练胆气、练耳目、练手足各一卷，练将一卷。《四库全书总目提要·练兵实纪》曰："继光初到（蓟）镇，疏有云：'美观则不实用，实用则不美观'。此书标曰'实纪'，征实用也。"[1]

《纪效新书》与《练兵实纪》同异参半，练兵的一些基本原则相同；不同的部分，则因《练兵实纪》是根据华北、特别是蓟州长城一线的敌情、我情写的；《纪效新书》是根据东南沿海之敌情、我情写的。对军事武艺重技击实用性的思想，这两部兵书中都有深刻的论述，要求所习武术，反对走跳虚文的"花法"，"一一都是临阵一般，件件都是对大敌实用之物"，使士卒"学一日有一日受用，学一件有一件助胆"。对于武术技击理论的丰富和发展来说，戚继光的实用性思想及其兵书中的战略战术思想有着积极的意义和促进作用。

---

[1]　邹经.《纪效新书》《练兵实纪》总说［M］.北京：解放军出版社，1987：17-20.

第四章　中国武术文化的保护与传承

第一节　中国武术文化发展现状

一、传统武术文化发展的现状

（一）传统武术习练人口的现状

目前关于"武术人口"似乎还很难有一个比较明确的界定，《辞海》在解释"体育人口"时说：体育人口是指经常参加体育活动的人数。与总人口之比，是衡量一个国家或地区体育发展规模和普及程度的基本指标。各国标准和方法不一，中国统计如下：（1）在教师指导下，坚持每天一小时体育活动的大中小学生及学前幼儿；（2）就业人口中凡每周锻炼三次以上，每次锻炼 30 分钟以上者，或每周锻炼五次以上，每次 20 分钟以上者，或每周参加一次野营、旅行、体育比赛者；（3）学校教师、机关干部每天坚持做课间操、工间操，厂矿企业职工每天坚持做班前操、生产操或参加医疗体育活动者；（4）离退休老人，每天参加保健体育活动不少于 40 分钟，每周不少于三天者；（5）业余体校以上的教练员、运动员，体育院、系技术课教师、学生，大中小学体育老师、武装警察和现役军人；（6）一年以内达到《国家体育锻炼标准》的成年人。

所谓武术人口，尽管包括武术专业工作者，但主要是指参加群众性的武术文化活动的人。现在我们还没有一个的确定的标准，也没有运用其他统计方法所得出的一个被广泛认可的数据，因此在这里只能是粗略的对这个问题进行简单的分析。

在过去，特别是冷兵器时代，武术不仅作为一种自卫的手段，也是一种健身的手段，在那个时代"武术人口"的数量显然是非常大的。尽管在近代西方体育进入中国后不仅在竞技体育中占有主导地位，在学校体育中也占有主导地位，如此一来，中国的武术人口显然已经减少了。但是中国是一个农业大国，农村人口所占的比例大。在广大农村不仅与外界联系较少，受外来文化的影响相对也较少，原来流传在农村的武术仍然是农民主要体育活动，或者说仍有相当数量的农民对它具有一种独特的吸引力，再加上受我国宗法思想的影响，使武术文化的流传具有一定的组织基础，同时在城市中常年进行武术锻炼的人也不少。因此直到前些年，若不以过于苛刻的标准来统计的话，如以每次锻炼活动多少时间、每周参加多少次锻炼来计算，武术人口的比例依旧是很大的。但是近些年来，特别是改革开放以来，随着我国经济的发展，流动人口的大量增加，随着大量的外来文化涌入我国，随着人民知识更新的加快，武术人口越来减少，这也是一个事实。

对于这一事实，主要原因是由于武术文化自身的发展和进步稍慢一些。与竞技武术相比较，民间的武术是在一个相对比较封闭的环境里，更多地是对中国固有的民族传统文化特点的保留，同时也为它接受新的东西以促进自身发展造成了一些阻碍。在现今飞速发展的时代，在更加丰富多彩、快节奏的生活面前，武术文化特别是民间的武术文化必须对它以往存在的状况予以改变，使它跟上时代的步伐。民间的武术文化不断地产生一些新的拳种，不断地淘汰一些拳种，它正在、也必然继续进行自身的更新。流传于民间的传统武术应该是为广大群众所喜闻乐见、简单易行、有健身价值、有时代特点，能反映出一定的特点，同时还应具有娱乐性，既要能满足现代人的审美情趣，又要打破传统的观念，使它能充分的体现个人的特点，更多元化、更自由的发展。在今天，如果缺少娱乐性只具有健身价值和一些技击的含义，那么要想很好地吸引观众可能就非常困难。如果在民间流传的传统武术还依旧保持它原来的面貌，那么对群众的吸引力势必还要大大减弱。这个问题需要我们去认真地思考和探索。

改革开放促使了人口的大量流动，特别是农村人口的流动，这也是社会进步的表现。但是人口的流动对武术爱好者也会产生一些影响，如人口的流动使得一些武术爱好者离开了他们原来的生活环境，离开了他们习武的土壤，这一方面为这些远离故土的人提供了传播他原来所掌握的武术文化和技艺的机会，并能接触到一些原来并未见过的武术文化内容，从而吸收更多新的营养，更便于对原来武术进行创造；但是另一方面是更多的人因失去了原来的练习氛围和环境，从而丧失了继续练习武术的兴趣。另外，这些流动人口大多数还要为生计而奔波，大家组织在一起练习武术、研究武术文化的精力很少，因此可以说人口大量的流动，对武术这种原来以家族或类似于家族的组织形式、以拳种而分门类进行传承的运动的流传是不利的，这也给我们提出了一个新的问题，即武术不仅在技术上，而且在观念上、思想上、传承的形式上都必须有所改变，以适应新的时代的要求。

所以，目前武术人口减少是一个事实，这个事实也对我们提出了一个新的问题，若主管武术的行政部门不回避这个问题，而是能从发展的角度认真对待这个问题；如果武术爱好者，特别是武术工作者能认真思考这个问题，并从积极的方面来推动武术文化的发展，那么武术仍然会很好的流传下去。

（二）传统武术拳种和流派的现状

在明清之际，传统武术可谓是盛极一时，不仅武师众多、宗派林立，并且拳术、套路和器械等种类繁多发展良好。但鸦片战争后，传统武术文化就逐步陷入了困境之中，不仅习练武术之人的数量急剧下降，且传统武术文化的种类也在不断减少。20 世纪 30 年代的一项调查显示，全中国的传统武术拳种套路有两千多种；而到了 20 世纪 80 年代，一共挖掘出的拳种只有 129 种，其中有将近 70 种只有名目无人会练，只有 28 种拳种有正宗的传承人[1]。当前，只有一些流传范围较广、受保护及时的传统武术项目发展的较好，例如：邢台梅花拳、少林功夫、太极拳等。而一些未被列入国家级非物质文化遗产名录的、传播不够好的武术项目，有的早已消失不见，有的正处在消逝的边缘。

在武术长期流传的过程中，随着新的流派和拳种不断产生，也必然有一些正在流传的流派和拳种逐渐消失，这本身也是一件非常正常的事，此消彼长，这就是武术文化发展过程中的新陈代谢，有新的产生，就会有旧的消失。但是在今天，受到人们生活条件改变的影响，人们生活的节奏明显加快，新的事物正以更快的速度以及更大的量进入人们的生活，人们对个人爱好选择的范围空前的扩大，从而使得民间武术消失的速度明显加快。再加上现在人们提高了对民族文化遗产的重视程度，因此对某些民族文化遗产的消失更加敏感，也就使得这个问题显得特别突出，更加引起人们的重视。

有的流派和拳种可能因为过去传承的人太少或是流传范围并不广，以致今日面临着失传；有的则可能因为它离人们今天生活的需要相去太远，或因为趣味性较差、不便于流传，或不大适合现代人审美的需要，以致现在愿意花时间和精力去学、继承的人较少，出现了一种继承的危机；有的则可能因为练家过于审慎，概不外传，当发现无人继承这一问题时，已为时过晚。我们必须审视一下传统武术文化的自然发展走向，对现在哪些拳种更加兴旺，哪些拳种正在消失进行了解和分析，就可以知道作为中国传统武术文化在新

---

[1] 于志钧.中国传统武术史［M］.北京：中国人民大学出版社，2006：435.

的历史时期被人们认同的程度，并从中探讨传统武术文化发展的趋势。

（三）传统武术课程的现状

尽管自 20 世纪 60 年代起，我国就已经把传统武术正式列入学校体育教材之中，很多教学大纲中和教材标准都明确规定把传统武术作为体育教学内容的一部分，但是武术在我国多数学校的体育课堂教学中并未真正存在过。

学校是教育基地，是培养各种人才的摇篮，更是发展传统武术文化、弘扬传统武术文化的重要平台和场所。从民国开始，我国就专门制定过相关的规定和标准，早已把传统武术文化正式纳入到中小学和高等学校的体育教材之中。但是，从目前的情况来看，传统武术文化在学校里的发展情况并不乐观。（1）学校的体育课堂几乎全被球类项目和田径运动所占据，学生们热衷于足球、篮球等西方体育项目，对武术文化知之甚少。有个教师就曾有这种经历：有学生问其会不会降龙十八掌，可见，现代青少年对传统武术文化的了解和认识匮乏。（2）竞技武术的发展对学校的体育教育也造成很大的影响。学校为了积极响应国家的号召，培养竞技武术人才，给予竞技武术教育特别的待遇以及训练，把传统武术文化从学校体育教育中挤了出去。（3）一些学校的武术教师整体素质和专业技能并不高，对传统武术的文化内涵了解不透彻，没有能力激发学生们对传统武术文化的求知欲和好奇心。最终造成老师不愿意教、学生也没有兴趣学的不良现象，导致传统武术文化难以在学校体育教育中良好开展。更为严重的是，有一部分学校就没有体育课，更别提武术文化教育了。尽管传统武术文化已经被列入教材、列入教学大纲，但是一些中小学为了自身利益，以牺牲武术文化教育为代价，把课时转让给其他科目，导致武术文化教育在部分学校的体育教育中名存实亡。

（四）传统武术赛事的现状

据初步统计，2015 年全国大大小小的武术比赛还有以下多项：

2015 年全国武术套路冠军赛（传统项目赛区）

2015 年全国武术套路锦标赛（女子赛区）

2015 年全国武术套路锦标赛（男子赛区）

2015 年全国武术套路锦标赛（太极拳项目赛区）

2015 年全国武术套路冠军赛

2015 年中国武术套路王中王争霸赛

2015 年全国武术对练大奖赛

第十三届世界武术锦标赛

2015 年全国武术散打锦标赛

2015 年全国武术散打冠军赛

2015 年全国传统武术比赛

2015 年全国武术之乡武术比赛

2015 年全国武术太极拳公开赛

2015 年全国"市长杯"武术太极拳比赛暨太极文化高峰论坛

2015 年博鳌太极文化论坛暨全国"企业家杯"武术太极拳比赛

第五届中国·峨嵋国际传统武术节

中国·焦作国际太极拳交流大赛

中国（广西）–东盟武术节

第四届厦门国际武术大赛

2015 年全国传统武术精英赛

第一届青年运动会武术散打赛

第一届青年运动会武术套路赛

2015 年全国青少年武术套路锦标赛暨亚青赛选拔赛

2015 年全国青少年武术散打锦标赛暨亚青赛选拔赛

第六届中俄青年运动会武术比赛

第十五届全国武术学校套路比赛

2015 年全国体育传统项目学校武术比赛

第十五届全国武术学校散打比赛

第八届亚洲青少年武术锦标赛

这些虽然是省级、国家级的传统武术比赛，但其真正影响力与其级别相差甚远。有一些传统的拳种尽管被搬上了竞技赛场，但其目标是为了夺取金牌，套路的演练形式受竞技武术的影响，已经失去了自己原有的风格特色变得面目全非。

二、竞技武术文化的现状

（一）武术竞赛的现状

武术竞赛体系形成了国家办与社会办相结合的格局。计划经济下武术竞赛是国家出资承办，1993 年的全国体委主任会议制定了《关于培养体育市场，加快体育产业化进程的意见》，提出了体育"面向市场，走向市场，以产业化为方向"的改革思路，将中国武术竞赛逐步推向市场。近几年国家体育总局武术管理中心推行了一种擂台赛制，即中国武术散打擂台赛。在竞赛形式上，结合了古代武术"打擂"与现代拳击"挑战"，通过设立"争霸赛""挑战赛"两个阶梯，以"武状元""擂主"两种荣誉称号和出场费与获得奖金两种奖励方式，极大地提高了观众、企业以及参赛选手的参与热情。在赛制上打破了计划经济体制下由国家拨款一家独办的竞赛模式，采用公司运作手段，比赛资金全部自筹。此外，社会武术竞赛活动频繁，如"全国民间武术馆校""全国少数民族""全国武术之乡""全国革命老区"武术比赛等；也有由地方政府或有关单位组织的武术比赛，如湖北武当武术公开赛、河南郑州武术节、长沙全国擂主争霸赛等。社会武术竞赛活动突出"武术搭台，经贸唱戏"的特点，这些比赛活动大都有商家参与，实行企业化运作，在经济效益、社会效益上都获得了明显成效。

当用战略的眼光去审视我国武术竞赛市场现状的时候，不难发现：武术竞赛市场尚处于启动阶段，不但市场主体嫩弱，而且市场规模小，卖方与买方不甚协调。套路竞赛市场尚待开发，散打竞赛市场逐步形成。社会竞赛活动只是充当推动经贸活动的手段，只是搭台的配角，并未转化为经营的主体。武术的商业价值并未得到大多数人的理解和认同，更不是经营的主体。另外，武术市场发展不平衡。一是各地区竞赛发展不平衡，二是套路与散打竞赛市场发展不平衡。但我们也深深地感到我国武术运动竞赛的改革正发展到一个新的态势，取得了一些新的成效。当然也面临着一些问题，如开拓武术竞赛市场，丰富武术竞赛形式，建立武术竞赛程序规范化体系，提高武术竞赛的科学管理水平；发挥武术竞赛的多元功能和整体效益；深化竞赛体制改革，建立现代武术竞赛制度；以竞赛为杠杆，推动竞技武术与社会武术协调发展，坚持武术走向奥运战略，促进武术运动竞赛与国际接轨。我们只要奋力开拓，提高训练水平，抓住机遇，与时俱进，以创新精神深化武术竞赛改革，就会出现武术运动竞赛的新局面。

（二）武术竞赛规则的现状

我们想以套路的竞赛形式将武术推进奥运会，但现行的武术套路规则条文规定太复杂，太细，操作性欠佳。虽然多次修改规则，但是套路比赛的规则标准还是可比性较差，难以客观量化。另外，武术套路，难以进行客观评定，主观评判的分值较多。而最新修改的武术套路规则，尽管增加了一些量化指标，但使竞技武术套路与传统意义上的武术文化相差越来越远，丧失了本身的特色，而成为中国式的"体操"。这种评价标准缺乏科学依据，使竞技武术难以体现公平性、客观性和可规范操作性。

（三）竞技武术理论体系的现状

武术文化有其较深厚的理论基础，各拳种在形成和发展过程中，深受中国传统的儒教、道教、佛教等文化思想的影响，许多技击原理、技击方法、练功方法以及健身功法得益于传统文化的支撑。竞技武术从武术中演变而来，但由于演变过程中竞技武术对传统武术本质的东西过多地予以丢弃，使竞技武术与武术理论不符。竞技武术从武术继承下来的理论体系较薄弱，尽管吸收了一些现代竞技体育的理论，但逐渐形成起来的竞技武术的理论体系并不完善，很难与有着完善的科学体系的现代竞技体育相协调。竞技武术的理论体系的建立、研究、完善明显滞后。

（四）武术科学化研究的现状

加强武术的现代科学研究，是武术发展战略的一项重要组成部分。这包括对对武术理论的研究，武术文化的研究，对武术相关的生理学指标的研究，对武术竞赛训练的研究等，以良好的理论基础为武术文化的发展作指导。

1967 年版的体育院系通用教材《武术》第 1 册第 2 章根据武术的特点深刻指出，"武术'内外合一'的说法，是符合矛盾的对立统一规律的""研究武术技术，解'内外合一'的矛盾。应以生物力学、解剖学、生理学和生物化学为依据，因为人是有生命活动的统一整体，在分析武术中任何技术动作时。不能只注意肌肉工作的机械力学原理，还应该从高级神经活动的支配作用，以及呼吸调节、劲力变化等来分析武术动作"。这说明武术的科学研究需要运用多学科知识较全面地认识和研究武术，已经不满足于运用一两个基础学科的知识解决某个问题的做法。20 世纪 80 年代以后，我国培养的历届武术硕士研究生，完成了一批具有较高质量的论文。这个时期研究生科研的最大特点，是采用较先进的测试仪器和多种研究方法，尤其是采用计算机建立数学模型的方法以及统计处理的方法，使武术科研论文的价值和所揭示的事物的规律、预测的事物的可信度等方面有了显著提高。

1987年在国家体委武术研究院的主持下，首届全国武术学会研讨会展示了一批多学科对武术进行研究的科研成果和一支武术科研队伍。从后来陆续选编、汇编出版的历届学术研讨会的论文集中，可以看到这些书籍记载了当代武术为实现学术研究现代化、科学化所作出的努力。20世纪末，国家体育总局武术运动管理中心设立的武术科研基地，围绕武术进入奥运会所设项目问题展开科学攻关。科研基地以一批研究生为重要科研力量组成课题组，以博士生导师挂帅，经过调研、统计、分析和论证，拟出若干设项方案。在1999年举行的全国武术论文报告会上，北京体育大学和上海体育学院的课题组宣读了论文，为武术进入奥运会成为竞技项目做了前期准备工作。武术科研基地的主要研究方向是武术运动科学化训练，为武术管理部门提供策略性和战略性理论依据而组织科学研究。其特点是以体育院校的教授、副教授和研究生作为主要攻关力量，并让研究生参与重大科学研究，发挥其作用，使之成为活跃在当代武术科研前沿的生力军。

第二节　中国武术文化的保护

一、武术文化保护的紧迫性

（一）武术传统文化的流失

温文尔雅的太极拳、刚劲勇猛的少林拳等等中国优秀武术文化，在西方体育文化的强势影响与挤压下，使竞技武术成了当今社会发展的主流，并对武术文化产生了巨大的影响，使武术"有意无意地采取了单纯的、简单化的运动发展模式，将原本具有丰富文化内涵的武术，简化为身体运动的伸伸腿、弯弯腰"[1]。武术正在慢慢丧失其所具有的文化功能，而成为一种简单的身体运动。

此外，以西方市场经济为代表的大众文化快速传播，使商品经济的观念深入人心，追求价值最大化的功利思想对人们武术习练的价值取向也造成巨大的影响，人们追求一种简单的、快捷的、有娱乐刺激性的运动方式，以满足一颗浮躁不安的心。因此，追求身体运动的武术成为一种野蛮的、简单的肢体运动，失去功力训练的武术使"冠军"变得昙花一现，缺少长期身体感悟的武术在追求难、美、高、新的过程中变得轻飘而无内涵。文化的流失正成为武术发展所面临的巨大危机。

（二）武术传承的断层

武术传承的断层使武术文化保护工作面临着紧迫的现实局面。在世界近代历史中，西方体育文化搭乘殖民化的便车，把东方各国的体育文化推挤到边缘；在当今经济全球化过程中，西方体育文化又试图如同割草机般把世界各民族体育文化的多样性修剪得整整齐齐。近代以来，中国武术文化面临着前所未有的危机。从主体意识上讲，在过去的一百多年时间里，我国开始承认、接受、消化、吸收西方体育文化的技术方法，在短短的 50 多年里，我国基本完成了类似西方体育的体系化建设，甚至在更短的 20 年的时间里，我国完全按照奥林匹克的面貌改造了中国体育[2]。从客观环境上讲，市场经济大潮下功利主义的驱使与影响、工业化对小农经济的破坏等，都一再把武术文化

---

[1]　王岗.民族传统体育与文化自尊［M］.北京：北京体育大学出版社，2007–171.

[2]　卢元镇.中国体育文化忧思录［R］.厦门：21 世纪民族传统体育发展国际学术研讨会，2005：09.

推向生存的困境。

武术本是冷兵器时代的产物，对现代战争的实用价值已无多少，因而在"弱肉强食"的规律面前，在西方体育理念的冲击下，作为弱势文化的武术文化，更显得苍白无力。我们在保护武术文化、发展和继承武术文化问题上，再也无法做到"心平气和"。

近代以来，我国在社会文化变革方面存在着"破有余而立不足"的弊端，传统价值遭到毁灭性的冲击，而又没有及时建立新的精神价值体系，这样，中国悠久的传统文化与现代社会就出现了巨大的断裂带。近年来，武术文化发展和改革中的这种"破有余而立不足"现象非常明显。如20世纪90年代以来出现的唯竞技化发展模式，就导致了一方面丢弃传统武术文化而另一方面又未能成功发展现代武术的状况。现在必须看到，这种唯竞技化的发展模式已经严重损害了武术文化传承的连续性，增加了武术文化保护工作的紧迫性和艰巨性。

（三）多样性的消失

多样性的消失对武术文化底蕴的冲击使武术文化保护工作任重而道远。以竞技为代表的西方体育，重规范、重结果、重外在表现是其基本要求。在武术进行竞技化探索过程中，武术要融入已成体系的竞技运动，就必然要做出适合现行竞技体育规则的改革。而这种改革，必然是对以重过程、重内在修养、风格各异、内容丰富的中国武术的严重冲击，必然引起对武术多样性以及本质内涵的严重挑战。面对已经丧失或濒临丧失的优秀武术拳种，面对日趋淡化的武术文化内涵，武术文化的保护工作任重而道远。

（四）与西方体育进行交流的迫切形势

与西方体育进行交流的迫切形势使武术文化保护工作刻不容缓。在全球化背景下，武术发展的必然趋势是走出国门、面向世界。也正是迫于与西方体育进行交流对话的形势，近些年来，广大的武术工作者在武术适应国际竞技化发展方面一直进行着不懈的奋斗和努力，并取得了有目共睹的成绩。

但是，当前竞技武术与西方体育的交流以及竞技武术的改革遇到了巨大困难。这是由于中国现代竞技武术与传统武术存在着显著的差异：传统武术丧失文化主导性，增大了运动主导性。然而，现代竞技武术的发展缺少民族底蕴，在与西方体育进行对话时，很难展现其项目优势；并且现代竞技武术也根本代表不了真正意义上的中国武术。传统武术是现代武术的母体和基础，现在正是对这种母体和基础的忽视。时代的因素已经导致了武术长期丧失与西方体育进行对话、交流的平台。要重建这个平台，就要充实武术的母体和基础，对武术文化展开全面的保护。只有这样，才有可能发展真正意义上的现代武术，才有可能面对西方强势体育的冲击而保持自己的特色。

二、武术文化保护的原则

（一）以人为本的原则

在很大程度上，纯正的传统武术文化是靠人通过口传心授方式传承的，相比有形的文化遗产，具有独特的存在方式。有形文物是固定的、不可再生的，它可以脱离活形态文化，静态存在，是一种物化的时间记忆，而传统武术却是发展的、流动的，它不能脱离"人"而独立存在，传统武术的核心载体是人。"人是文化的创造者和拥有者。……在保护'非物质文化遗产'的过程中，始终坚持'以人为本'的原则，无疑是最为重要和根本的"[1]。这就决定了对武术文化进行保护时必须要坚持以人为本。诸如武术文化的守望者应当受到应有的重视与保护、保护和培养武术传承人优先、保护过程中注意尊重被保护者的

---

[1]　蒋德鹏.可持续发展战略初探［J］.江苏社会科学，1997（04）：57.

精神意志与心灵自由、站在对人类的健康生活是否真正有利的角度来实施保护等等，除此之外，从具体的工作层面上看，也应做到"以人为本"。

我们不应将武术文化封闭在某个特定的历史时空中进行保护。要尊重武术文化的传承者和习练者在文化保护、文化传承、文化发展中意志的自由选择。不可能也不应该要求他们为了给世界保存一种生存方式，保留一种传统体育文化，而将他们的生活封闭在固定的空间和时间中，使他们成为世界体育文化多样性追求的牺牲品。就这一点来说，武术文化的传承人或习练者与我们之间是平等的。因此，我们在抢救和保护武术文化时，应该充分考虑他们的主体性以及他们的现实境遇和要求。我们要善于从武术文化的传承者出发、设身处地为他们着想，遵循以人为本的原则，注意倾听当事者的声音，将各个方面的关系协调好，本着为人类文化多样性发展而积极合作的精神，大力宣传保护武术文化的重要意义，真正把武术文化的保护工作落到实处。

（二）科学性原则

科学性是武术文化保护的另外一个必须的原则。对武术文化的有形资源（如传统武术的典籍、器械、套路等）和无形资源（如传统武术习练的心得体会等），需要实施不同的保护手段，而且不同的文化形态需要相应的武术文化保护者进行科学的指导。从对消亡形态的搜集整理研究，对濒危形态的抢救，再到活态形式的扶持振兴与开发利用，几乎保护工作的每一个环节，都离不开武术文化保护者的参与以及必要的理论指导。否则，我们的保护工作便可能成为仅凭一腔热血，将武术文化保护工作中形成的国家意志、政府行为、社会参与和全民觉醒，弄成我们曾经犯过的错误如"大炼钢铁"时代一哄而上的"群众性政治运动"。然而，武术文化的保护形势不容乐观。一方面，很少有群众乐于参与武术文化保护工作，没有引起相关部门、专家、学者的高度重视，专门人才稀缺，理论知识匮乏；另一方面，并没有充分挖掘出对传统武术有着深厚感情的民间拳师的作用。

为此，在武术文化的保护过程中，武术文化的保护者，特别是那些武术界泰斗与年富力强的学术带头人，应该在整个武术文化保护工作中发挥文化监督和指导的多重作用，携手武术文化的当代传承人，凭借其长期以来对武术文化的精深研究以及传承人自身的体会，以科学的态度共同促进武术文化的保护。唯有此，武术文化的保护工作，才会少走弯路，做到胸有成竹、事半功倍。

（三）整体性原则

武术文化保护的目的是反映并保存民族体育文化的多样性。这就要求武术不能只是把个别文化形式从其生存空间中割裂保护，这样对内容丰富的武术文化非但不能进行保护，反而会将其割裂成一个个的"文化碎片"，进而由于缺乏在结构环境中所具有的自我创造、自我更新能力而丧失生命力。

总之，既要保护武术文化的本身，又要保护它的源泉。保护武术文化的整体性原则不仅仅表现在时间向度上，也在空间向度上。武术文化的发展是流动的，是存在于特定群体生活之中的活的内容，是发展着的传统方式，很难被强制地凝固保存。我们不应割裂武术文化传统与练习者生活方式之间的联系，若把这种文化传统固定在既有时态上，则会遏制其在新的生存时空下的新的发展。

（四）可持续性原则

可持续发展的哲学理解是既满足了当代人的需要，对后代需要的满足又不会构成威胁和危害的发展。所以，武术文化不但要促进当代的发展，更要考虑到其未来的发展，使它步入稳定、持续、健康、良性循环的轨道，以满足子孙后代对武术文化的需求。我们要通过一系列的措施和手段为武术文化的可持续发展创造良好的条件，制定长期的可持续发展的战略。武术文化只有符合可持续发展的要求，才能得到社会的认可和接纳。

三、武术文化保护面临的危机

从非物质文化遗产的视角来看，武术具有精粹的技术性和影响人们思想情感的精神价值，具有见证现存文化传统的独特价值和传承的作用。然而，伴随着全球化时代的到来，武术因其存在环境的变迁而使其赖以自下而上的文化本体不断遭受外来文化的冲击，武术文化的保护面临着严峻挑战。

（一）内环境消失

在中国农耕文明下产生的武术是中国冷兵器时代的民间技击术。因为冷兵器时代的结束，军事武术失去了舞台；国家法制的逐渐完善，使得部分民间武术也失去了舞台。随着经济发展，交通、通信工具逐步发达，电视、网络等信息娱乐工具逐渐普及，人们的生活环境已大为改善，精神文化生活水平随着物质生活水平的提高大为提高。作为本质是一种搏击术的武术，其整体实践场所都已不复存在，武术文化在封闭社会基础上的民间性、民族性等特征也正逐步丧失，武术文化很大程度上已经失去了其本身存在、发展的"内环境"。

（二）固步自封使武术发展停滞不前

武术自形成起，就是一个相对发展的动态结构，在其发展的过程中必然构成前后左右的联系，这个相互联系的半封闭和封闭系统就是武术文化生存的空间。正因为如此，武术文化始终没有跳出固步自封的怪圈，这也是武术文化远离现代化和科学化的根本所在。从武术的技术传播形式看，不外乎以下几种：家庭传播是武术发展的主要渠道；结社传播是武术传播的特殊形式；寺院传播是武术传播的重要场所；区域传播是武术发展的显著特征；武举、武学制度促进武术的传播和发展等。以上几种传播方式都是以耳提面命、口传身授的传承为主要方式进行的，给后人留下的带有文字的东西很少。可见，这种半封闭和封闭的系统导致武术文化"孤芳自赏"。此外，武术文化传统授徒的主要形式是以一对一，具有很强的保密性。门户区别使得武术具有保守性和排他性，"孤芳自赏""门户之见"影响了武术文化的健康发展。

（三）武术文化整理工作进展缓慢

在 1983—1986 年，我国武术挖掘与整理工作取得了进展，初步查明了流传各地的"源流有序、拳理清晰、风格独特、自成体系"的拳种 129 个；古兵器 392 件，实物 29 件；共收集武术文献资料 482 本，录制 70 岁以上老拳师拳艺 394.5 小时，应该说成果是显著的，但后续整理工作并没跟进，导致大部分成果"沉睡"了几十年年。主要原因有三个：（1）行政部门没有保持工作的完整性和连续性。20 年间，国家换了几届主管武术的机构和领导，对资料整理工作的认识不同，落实程度也不同，造成了"虎头蛇尾"的局面。（2）挖掘工作与整理工作严重脱节。挖掘工作国家动员了全国几千将至上万余名武术界人员，但由于整理工作却没能有计划地进行，一些录像带遭到破坏，一些文献资料已发潮变霉，造成了不可避免的新一轮失传。（3）文献资料没有及时地加以开发和利用。受旧体制的限制，参与者对武术文化认识不足，使得武术文化的价值定位出现了偏差。在我国，武术文化资料的整理工作仍旧进展缓慢，人才短缺，资金匮乏，进行投入后，由于后期整理工作的投入需要更大，于是往往受到冷落，给武术文化的保护和传承带来严重的障碍，也使得前期投入成了"石沉大海"[1]。

---

[1]　叶鹏，蔡宝忠.从"非物质文化遗产"的高度审视传统武术的保护问题［J］.广州体育学院学报，2008（1）：51.

四、武术文化保护的思路

（一）结合东方体育文化特点，合理制定武术文化的发展模式

近些年来，伴随着武术进入奥运会的强烈呼声，我国一直在按照西方体育的标准制定武术文化的发展模式，武术文化的发展与传统的轨道已渐离渐远，并导致了唯竞技化的偏向。

及时扭转武术文化的这种发展模式的具体设想如下：

（1）传统武术的保护与现代竞技武术的发展并重。现代竞技武术的发展必须是在传统武术基础上的创新与扬弃。当前至关重要的是对我国的武术文化作一番梳理，以便为武术文化的扬弃和现代武术的发展，作出更为明智的判断和选择。

（2）国内民族特色的保持与国外成功模式的借鉴并重。针对近些年竞技武术发展过程中出现的对西方竞技体育模式全盘照搬的倾向，一方面，要注意在自己的历史渊源中发掘和保持自身的项目特色，发挥自己的独特优势，另一方面，中国武术要借鉴和吸收国外体育发展的成功经验。

（3）文化保护与市场开发并重。一方面，要注意选择开发优势项目，凸显武术文化的经济价值；另一方面，武术作为一种文化存在，要避免急功近利主义。要有更长远的发展眼光，加大投入武术文化保护工作，发挥武术文化的长期效益。总之，全面的反思以往的武术文化发展模式，合理制定今后武术文化的发展模式，是当前武术文化面临的首要问题。

（二）政府部门要重视武术文化保护

在未来世界中，文化将起重大作用。世界正进入一个文化对抗的时期，各国综合国力的竞争就是以文化为主导的竞争。在国内，国家领导人一直高度重视《保护非物质文化遗产公约》，胡锦涛同志在致第28届世界遗产委员

会会议的书面贺词中指出："中国政府高度重视保护文化和自然遗产，将继续弘扬中华民族的优秀文化。"武术作为中华民族的优秀传统文化，对它保护和传承的必要性是毋庸置疑的，政府部门应重视武术文化的保护、传播与发展，并提高其在国内乃至国际上的地位。

在武术文化的保护过程中，若没有国家政府的参与和正确领导，保护工作将是随意、零散的状态。只有在政府机构的宏观调控下，组织社会各界有生力量，制定相关法规，调拨相应经费，监控整个保护过程，才能使整个保护工作规范、有序、全面的完成。

（三）反思武术的失落，对武术文化遗产进行明确的定位

勿庸置疑武术的意义与价值，其健身方式及其理念也无可替代。然而，近百年来，武术却遭到了前所未有的危机。有识之士大声疾呼重视武术、保护武术、重建武术，但往往是言者谆谆，听者藐藐，曲高和寡，从根本上并不能扭转武术文化被边缘化的预势。特别需要注意的是，目前武术遗产性质的定位还是一个较为模糊的问题，当前必须解决好这一问题。

针对这个问题，首先要明确武术文化在当代的健身价值，明确武术在服务我国构建和谐社会、服务我国全民健身中能够发挥的巨大作用。其次，要明确确定武术文化是我国传统文化的重要组成部分，要用一种文化战略的发展目光来对待武术文化当前的改革和发展。最后，对于武术从属于世界非物质文化遗产范围要给予确定，根据《保护非物质文化遗产公约》，我国优秀的武术遗产完全符合《保护非物质文化遗产公约》的定义精神，我们要深入实地考察并从理论上加以论证，丰富武术文化的历史内涵。

武术文化的保护与武术文化遗产的定位是相辅相成、共同发展的。武术文化保护的成果将直接决定武术文化遗产的定位，武术文化遗产的定位为武术文化的保护提供动力，所以要把这两项工作都做好。

（四）走向武术重建，建构武术文化保护的完整体系

当然，武术的重建与振兴是一个需要深入探讨、长期坚持、反复尝试、不断改进与完善的过程。总的原则应该是在创新的基础上重建，做到积极借鉴前人经验和根据新形势不断开拓创新的有机统一，而重点是重建理念、重建队伍、重建方法。

（1）重建理念。面对当前武术文化保护、继承与发展的现状，必须进行大幅度的革新，以现代的理念指导武术文化的重建。

首先，要沟通历史与现实的畛域，特别是对于在保护、继承与发展之间已形成的一段空白，必须加强武术保护的意识，在武术文化自我价值认同的保护理念下，将保护和发展放在同样重要的位置。同时，武术文化保护也不能单纯地为收集而收集、为整理而整理，而是要立足于从武术历史资源中寻找启迪，接受借鉴。

其次，武术的发展要有世界意识，注重与西方体育进行比较。其实，武术也丰富的竞技内涵，要在世界环境下通过武术保护的手段把这种内涵挖掘、发展起来，建立具有武术个性的竞技模式。

最后，要扩大武术文化研究范围，特别是对于武术文化保护工作，不能单纯地停留于武术文化本身的挖掘、整理、分析，而是要注重武术文化发展过程中整体环境的分析研究。

（2）重建队伍。在武术重建中，人才队伍的建设是重中之重。当前，不仅急需一批能够掌握武术运动技术的继承人，更需要拥有扎实传统文化学术功底、具备现代理念、掌握武术技术和现代科技方法、富于献身精神的研究队伍。只有这样，才能真正保护好、发展好武术文化。在武术人才培养中，高等学校应起主导性的作用，承担武术人才培养的责任与重担。高等学校的武术人才培养模式及培养重心，将直接决定着武术文化的发展走向，决定着

武术文化的保护、继承与发展。

（3）重建方法。武术保护手段和方法上的创新是当前所面临的非常重要的课题。传统的手段和方法当然要借鉴与运用，但绝不能只局限于此，而是要运用口述史学、影视史学、心态史学、计量史学等知识，对武术文化的发掘、保护和传承等进行技术管理；充分运用人体生理学、现代医学、生物化学等科学方法对武术的健身价值进行鉴定和证明；运用包括信息技术、系统论理论、计算机数据处理分析技术、网络技术等对武术的技术组合及传播方式进行科学化改造。另外，还必须加强语言沟通能力，吸收海外研究成果，使武术保护工作得以实效、快速地开展。

在全球化背景下，武术文化内涵逐渐西化、淡化的现象，对武术文化的生存与发展提出了严峻的挑战。1964年，日本顺利地将柔道作为本国的传统项目打入东京奥运会，1988年，韩国又成功地将跆拳道塞进汉城奥运会。相比之下，影响极为深远、内容无比丰富的中华武术，却一直在奥运大门之外徘徊。而事实上，柔道和跆拳道都不过是中国古代武术的一个支脉，这一现状确实值得国人深思。今天，我国优秀的武术文化正面临着严重的流失，也正承受着来自多方面的冲击。我国全面、深入地开展武术文化的保护工作，已经时不可待、迫在眉睫。

第三节　中国武术文化的传承

一、武术文化传承的必要性

中国武术作为我国民族传统文化的一个有机组成部分，其较为独特的表现形式，具有以下几个方面的传承价值[1]：

（1）武术是华夏文明的有机组成部分，有着较为突出的传承的文化意义。

一方面，中国武术与我国传统的政治伦理、古典哲学、医学理论、军事思想，乃至社会习俗习惯、养生修身理念、艺术欣赏喜好等等相互联系、相互作用，是绚烂多姿的中国传统文化密不可分的有机组成部分。

另一方面，武术文化从身体运动文化的不同侧面反映了整个中国文化的基本特征，且表现形式较为独特。如具体的习武之人的处世方式、武术行为以及武德规范等等，往往更为直接形象地体现出中国传统文化的要素，更直观地体现着中国人的价值取向、行为习惯以及喜好等。

（2）武术文化的人文关怀极为突出，传承的哲学价值突出。与功利主义色彩浓厚的西方现代竞技体育相比，中国武术文化具有极为显著的人文关怀和人道主义特色。

众所周知，以现代奥运会为代表的西方现代竞技体育主要是市场化和工业化发展竞争的产物，它们以西方价值观为主导思想，追求高效益。因此，赤裸裸的功利主义色彩、高度的市场化、残酷的赛场竞争、非人性化的高强度训练，等等，实质上是西方体育所提倡而不是回避的问题。西方竞技体育在长达一个多世纪的发展和完善中，一方面，形成了以追求"更高、更快、更强"为内涵，更加适合当今西方发达国家的经济状况，满足了信息化社会高度发达快节奏的要求，促进了西方社会巨大发展的优秀体育文化；另一方面，也产生了一些无法遏制以及解决的社会问题，如非人性化、高度职业化、滥用违禁药物等。因此，西方现代竞技体育难以专注于人的健康发展是必然的。很显然，西方现代竞技体育是存在明显缺陷的，绝对不是完美无瑕的体育文化。作为东方体育文化主要代表的中国武术文化，是在我国传统文化的影响下，经过长期的

---

[1]　林建华，杜德全.论中国武术文化的保护［J］.厦门大学学报（哲学社会科学版），2006（4）：115.

社会实践积淀的产物。关注人的发展、追求和谐平稳、较少追求功利性等是其主要特色。武术文化的这一大千世界是其他任何一个民族体育文化都无法比拟的，武术文化所表现出的平和、雍容、温良的品格，同样为现代人类所追求。另外，中国武术还具有"尚武崇德""识礼明德""点到为止"等核心文化思想，这些不仅高度体现了儒家文化"厚德载物""仁者爱人"等优良道德观，也应该是现代社会所大力弘扬和追求的优秀价值理想。

（3）武术在随着时代的发展中不断兼容并蓄，不断吸收其他优秀的体育文化。

在历史上，武术文化还不断地与外来文化进行相互交流，不断地丰富自身的文化内涵。从整体上讲，自汉唐以来，体育文化一直在吸收外来文化的同时，也通过各种途径将中国的体育文化传播到世界各地去，武术不仅具有吸收外来文化的经验，还具有输出的勇气和实力，中国武术对异质文化的吸纳、涵养、改造具有海纳百川的宽容、顽强的毅力和天衣无缝的技巧。如武术中的刀术，就经历了与日本之间互相借鉴、学习的阶段[1]。在这种交流对话中，中国武术在保持自己独立个性的同时，也在不停地丰富着自己的文化内涵和技击内涵。武术文化不仅较为全面地反映了中国传统文化的主要元素，而且还蕴涵着世界其他国家搏击术的文化要素，传承和发扬非常必要。

当今，代表中华几千年文明的武术文化也正遭遇着巨大威胁，取而代之的是与西方体育文化衔接较为紧密的竞技武术，而更为严重的是，竞技武术人才的培养模式割断了传统武术人才后备资源。加之传统武术自身门派的限制，缺乏政府正确而有力的引导与扶持等原因，使得传统武术的后备力量严重不足，武术文化的继承和发展出现了濒临失传的危险。因此，武术文化的传承迫在眉睫。

---

[1]　马明达.说剑丛稿（增订本）[M].北京：中华书局，2007：192-233.

二、武术文化传承的途径

（一）师徒传承

明朝的郑若曾在《江南经略》中说："中国武艺不可纪胜，其秘法散之四方，师徒相传，各臻妙际。"传统武术传承的基本方式就是师徒传承。中国的武术门派繁多、源远流长，主要是通过师徒传承来实现的。师徒传承是由师徒双方在一起，以传习某种技艺为纽带，按照一定的权利义务以及规范要求而组成的一种社会活动方式。从传承的角度，武术师徒传承要注意两方面：一是要通过"口传、身传、心授"来进行；二是注重传播效果，追求德艺双馨。在民间普遍存在师徒传承这种基本方式。至今，这种传承方式仍然存在并且在不断地发展。

武术通过师徒传承这种方式，可以使技艺朝着精与纯的方向发展，并形成武术内容的增值。师徒传承是在相对封闭的情况下进行的，对徒弟而言，并不是人人都可以有这个机会，都要经过层层选拔，才会得到师傅教授的机会，且徒弟一般都会刻苦习练、为师誓从；对师傅而言，徒弟是自家人，必会竭尽全力进行教授。经过层层选拔的徒弟，在道德、身体、心理方面都更适合继承本门拳术，加之精心教授与培养，必然使该拳种向精、深的方向发展，并在达到一定水平后有所发展。

武术技艺的多元化风格通过师徒传承这种方式可以保障。于是，刚劲凶猛的少林拳和柔绕弹抖的太极拳出现了，千姿百态，丰富多彩。在古代社会，许多武术传习者，甘愿忍受寂寞与贫穷，为武术的传承默默奉献。当代社会，师徒传承的基本方式依旧具有不可替代的作用，且在将来的很长一段时间内，师徒传承的方式都会存在。

（二）教育传承

武术文化传承的根本途径就是武术文化教育。武术文化教育可以传递与深化武术文化，并构成武术文化的本体。人们通过武术文化教育可以对中国传统文化内涵更加深刻地领会，并在接受武术文化教育的过程中更加热爱武术、乐于继承武术，将推动武术运动发展作为自己的目标和追求。人们对武术文化的认识越深刻，认同度越高，对文化传承投入的时间和精力就会越大，并会希望更多的人认识和了解它，继承和发扬它。这样循环往复就形成了积极的文化传递，推动了武术文化的和谐发展。

　　从武术的长远发展来看，重视武术文化的传承价值才能使武术运动更具生命力，才能真正体现出武术文化传承的现实意义和当代价值，并使习武者更能深刻体会武术文化的魅力。但武术文化教育思想是提高武术文化传承质量的关键。先进的武术文化教育理念和思想将会产生巨大凝聚力、推动力和生命力，推动武术文化教育不断前进。有了理念才能使教授者和学习者建立共同的信仰，并不断付出努力和实践，才会在整个教育过程中对武术这一运动形成追求。当然这种理念是建立在一定的现实需求与时代背景基础上的。先进的教育理念和思想固然重要，尤为重要的是将理念变成师徒共同追求。因此，武术文化教育理念和思想的变革直接关系到武术文化传承质量与未来发展。因此，武术文化教育对武术文化传承具有积极的历史价值和现实意义。

　　新中国成立后，党和政府把学校体育作为培养全面发展的新人的重要举措，并作出了一系列的指示和决定，对学校体育教学内容之一的武术也相当重视。1956 年，教育部制定颁布了第一部全国通用的《中小学体育教学大纲》，就含有武术方面的内容。1961 年对大纲重新修订时，有了关于武术内容和课时的规定。内容规定：小学从三年级起为武术基本功、基本动作、组合动作、初级拳一路、武术操（一）；初中除了对小学所学内容进行复习外，还有初级拳二路、学习武术操（二）；高中除了对小学，初中的内容进行复习外，还要学习青年拳，青年拳对练、初级拳三路等。另外，高中选用的还有初级剑术、初级棍术、三合剑等教材。《大纲》规定，在小学体育课中，每学期的课程为 6 学时，中学体育课中，每学期为 8 学时。1978 年在中小学体育教学大纲的修订中，武术攻防动作内容首次增加，规定从高一开始，除了少年拳外，还要对双人攻防动作进行学习。1987 年颁行了《全日制小学体育教学大纲》，指出武术是我国传统的民族体育形式和强身健身方法，三至六年级的基本教材中包括简单的拳术套路、武术操等。1988 年在对中小学体育教学大纲进行修订时，武术这一科目被改为"民族传统体育"，教材内容除了有武术基本功、基本动作、组合动作以及套路外，又增加了八段锦和五禽戏，且从初一开始就要对攻防动作进行学习。1990 年，该大纲颁布实行。

几十年来，武术运动在不断地深入发展，中、小学的武术教育在一定程度上也得到了发展，许多学校在完成规定的武术教学内容的同时，还成立了武术馆、武术协会或武术锻炼小组。此外，体育部门还将一些武术基础好的学校确定为传统项目学校，进行重点学习与训练。

在中、小学的武术教育发展的基础上，大学武术教育也得到了进一步的发展。尽管大学与中、小学的武术教育在体育中所占的比重和教学时数相同，但教学硬件措施、设备、师资力量等都优于中、小学。因此，在教学中对《教学大纲》所规定的武术内容能比较好地贯彻落实，在一定程度上也取得了较好的教学效果。

20 世纪 80 年代后，一大批武术专业毕业生到各大学任教，不仅充实了武术教学方面的力量，还保证了武术教学活动的开展，在一定程度上掀起了一股大学校园武术热。1982 年，武术协会率先在北京大学和上海同济大学成立，接着全国各地的高等院校也相继成立。1979 年，首届上海大学生武术比赛由上海市高教局举办。1985 年，全国首届中医院校武术比赛由国家中医药管理局在沈阳中医学院举办，共有 27 所中医院校参加，比赛内容除武术套路外，传统的武术功法也在内。1987 年、1990 年第二届、第三届全国中医学院武术比赛先后在黑龙江中医学院、山西中医学院举办。从此全国中医院校的武术比赛形成了制度。为了进一步提高教学水平，国家中医药管理局还举办了以体育教师为主的武术教练员训练班，对师资的培养予以加强。1992年在武汉举行的第四届全国大学生运动会，武术首次将列为正式比赛项目。1994年5月，北京高等学校武术比赛在北京中医药大学举行。同年12月，由国家教委主办的首届全国高等学校武术比赛大会在北京医科大学举行，且决定每隔一年举行一次。

丰富多彩的大学生武术比赛不仅提高了学生的习武兴趣，增强了学生身心健康，丰富了学生文体生活，提高了学生学习效果，而且使大学的武术教学从单一的课堂教学走向多渠道、多形式、多层次的教育途径，在一定程度上有力地推动了高等院校武术教育事业的发展，使武术成为了大学体育教育的重要组成部分。

（三）武术非物质文化遗产的保护

随着国家对非物质文化遗产的重视，对非物质文化遗产保护的申请也是传承武术文化的重要途径之一。2006年起，武术中的一些拳种流派陆续入选了国家非物质文化遗产名录。

作为文化遗产保护，武术还可以做以下工作：

（1）保护传人。武术属于活态的、无形的文化，而武术技艺的载体是传人。任何静态的（如书籍）、物质的（如博物馆）的保护都不能对武术的流逝予以阻挡，武术文化的存在与发展，只有通过人与人之间的动态传承才能更好地予以保障，因此保护武术首先要保护好传人。

（2）申报国家非物质文化遗产保护基金。2006年9月，财政部、文化部印发了关于《国家非物质文化遗产保护专项资金管理暂行办法》的通知，对非物质文化遗产设立了专项基金，因此武术保护可以对国家非物质文化遗产保护基金进行申请。

（3）申报联合国"人类口头与非物质文化"遗产。通过"申遗"增加人们的民族自信心和自豪感。

（4）重视农村武术。中国武术在民间，民间武术又在农村。农村相比城市而言受到西方文化的冲击较小，其农耕文明的特征对于武术的生存和发展来说更加合适。因此，保护非物质文化遗产要对农村地区予以重视。

（四）武术文化传承面临的挑战

在中国武术文化传承的同时，我们也不能忽视其中还存在的危机与挑战，应该看到中国武术文化面对电子时代人们娱乐方式增多、现代国际流行竞技体育的冲击等的竞争，以及武术赖以生存的中国小农经济逐渐瓦解等不利局面。当前，对传统武术价值的认识以及武术的发展方向，也正在展开一场大的争论和探索，分歧还比较明显。武术文化的传承面临着诸多方面的现实挑战。

1.武术原始形态的传承被忽视

武术原始形态的传承已经被忽视，目前还没有得到彻底的改变。面对西方竞技体育的全面挑战及争夺，面对人力、物力不足的严峻现实，武术往往会更积极地重视模仿、创新等方面，传承的原则难以坚持，甚至屡屡遭到否定。这不仅导致传统武术传承的人力、物力等资源严重不足，更为严重的是，武术的原汁原味在武术文化的一次次改革中逐渐消失，现在人们所看到的武术，离武术原本的面貌已经越来越远，这无疑是中国武术文化传承的过程中面临的最大的，也是最危险的挑战。

2.武术文化与现代社会的主流传播方式确实存在着较大差距

在传播方式上，以口传身授形式为主的武术传统传播方式世代相传，这与当代以电子视频、网络等传播与传承有着很大的区别。而且，流传下来的武术历史文献资料很少，有限的传统武术资料大部分还散落在民间，等待挖掘整理，知识产权等方面问题还有待落实与解决。如果这些不能得到根本性的改变，武术文化高质量的传承又怎会简单？当前，一些身怀绝技的习武者相继去世，健在的也大多年事已高，关于武术文化的挖掘、整理、传承工作正面临着"人琴俱亡"的巨大风险[1]。因此，挖掘、整理、抢救武术遗产，对其进行全面的保护与传承，已经迫在眉睫、刻不容缓[2]。

3.传统武术文化传承的空间与质量，均在不断地变小和退化

武术在当代社会多彩多样的娱乐活动的影响下已经不再是国人休闲娱乐及健身的主流，这是不争的事实。并且在市场经济及快节奏的生活步伐下，武术文化在传统社会固定的世家传承、师徒传承、馆校传承等传承方式也正全面地遭到破坏。

真正热爱武术、专注于武术锻炼的人也越来越少了。"由于主客观原因，使习练传统武术的人群正在逐渐减少"[3]。

此外，外来的空手道、跆拳道、健美操等项目以其趣味性强、简单易学等特点深受广大青少年的喜爱，且在很短的时间内就占据了中国体育文化市场。我们必须承认，习练武术人数的减少、武术传承的空间的不断萎缩，已是不争的事实。

更为严重的是很多传承人对武术内涵的理解还是一知半解的状态，传承的重担根本承担不了。

因此这些挑战，都使得优秀悠久的中国武术文化，面临着消亡的风险。

4.武术要重视文化传承、避免陷入文化误区

武术所代表的不止是中国人体育运动的才智以及老少皆宜、意趣盎然的锻炼方法，还代表着古老的中国传统文化。它一方面跟中国的儒玄、释道、伦理、政治以及兵农医艺等互相联系、互相作用，共同组成中国文化整体，

[1] 林建华，杜德全.论中国武术文化的保护 [J].厦门大学学报（哲学社会科学版），2006（4）：115.

[2] 张耀庭等.中国武术史 [M].北京：人民体育出版社，1997：43.

[3] 朱永光，蔡宝忠.对传统武术三个关联性问题的科学思考 [J].广州体育学院学报，2005（3）：102.

另一方面则从一个侧面反映出整个传统文化的基本特征，融合了哲学、兵法、技艺、医学、教育以及美学等，表现出中华民族的性格和智慧。所以，传统武术必然要重视文化的传承，如孔、孟学说的伦理道德，战争的《孙子兵法》，各路宗教与不同门类的经书，古代医书中的《本草纲目》等，均以文字记载的形式传给后人。"人"作为某种教派、某种艺术、某一领域、某一学科的载体与继承者，是传承非物质文化不可或缺的主体，因此，文化的传承只有做到了后继有人，这种文化才更具有现实意义和历史意义。

中国武术文化博大精深，因技法特点和地域的不同而产生不同的拳种，各个拳种都包含着他们独特的文化内涵。文化是抽象的，它存在于人们的观念中，且随着人们的观念、信仰、技能、技艺、知识、习俗的变化而变化。武术文化在其传播和传承的过程中会产生变异与创新。当这种文化遗产进入异城、异时、异族时，不进行变异、创新就无法传承和发展。为发展需要而必须的变异、创新是必不可少的，这种变异、创新的内在动力是由非物质文化遗产的性质决定的，是由不同传承者参与创造并展示出他们超个体能力、智慧的创造性。因此，我们不能用同一个文化思维模式对传统武术这种活态文化的保护成果进行衡量。

传统武术的文化传承要注重培养文化主体意识。因为，我们不只是五千年传统文化的继承者，我们更肩负着批判、检讨、创新传统的责任；我们不只是无意识地、被动地承袭传统文化的"客体"，我们更要重新对传统文化进行评价，进而开创新文化的"主体"。如此的传承才是活态文化的传承。

社会在发展，文化在变迁，文化塑造了我们，我们又塑造和更改文化。现如今，科学技术高速发展，我们应从武术文化特征中寻找武术与现代人文素质的结合点，把武术对当代社会的文化效用发挥到最大限度。

第五章　构建中国武术文化教育体系

第一节　武术文化教育的存在价值

一、武术文化教育的存在价值

（一）武术文化教育是不容忽视的优秀传统文化教育资源

在漫长的中国武术的发展过程中，武术的发展浸润着中国传统文化身心合一、中和融通、厚德载物、自强不息的重要理念。在此理念影响下，武术的思想动态和发展与中国传统文化的思想形态交织在一起。中国武术的发展也在这种文化的感召下逐渐偏离其"自然发展的轨道"，由人类本能的"野蛮"之武进化为"君子"之武、"文化"之武、"道德"之武。因此，在很大程度上武术不再仅仅是一种体育技术的学习，而是接受中国传统文化的有效资源。在我国近代史上，受西方文化的冲击，武术被誉为"国术"。清末民初，东西方文化冲突剧烈，传统和现代的整合漫无头绪，当时第一流的知识人士如章太炎、胡适之、梁启超，遂倡导国学以激发种性的文化自觉。当然，我们今天将武术作为一种认知中国传统文化的资源，与当时相比，不可同日而语，但就武术在学校中的作用而言，确有借鉴意义。

中国武术文化历史悠久，源远流长，是优秀传统文化中的瑰宝和宝贵的文化遗产。古老的中华文明，曾历经磨难，但并未中断，仍薪火相传，保持了中华文明的一贯性和连续性。在民族危亡之时，中华儿女无一不是凭借武力，强国强民，挽救民族于危难之中，体现了华夏民族大无畏的气节[1]。古有杨家将忠义尚武，岳飞精忠报国，戚继光抗击倭寇；近代有霍元甲精武爱国，激发民族斗志；现代有李小龙传播武术文化，弘扬民族精神。武术的弘扬和传播无一不与伟大的民族精神密切相关，所以武术文化中蕴含着深厚的爱国主义、民族精神。

（二）武术文化教育是弘扬民族文化和精神的有效载体和支撑点

武术文化教育，可以引申为以中国武术中蕴含的优秀的传统文化为基础，对武术的习练者潜移默化地进行传统文化的渗透和教育，以提高习练群体的民族自豪感，增强民族凝聚力，以武术作为弘扬和培育民族精神的载体在教育中具有重要的时代价值。

武术的原始功能是搏击，是用打、摔、踢、拿等攻防格斗的动作为素材按照攻防进退、刚柔虚实、动静急缓、内外合一等规律，编排成的一种体育项目。在表现形式上武术要求有艺术表演的技巧和美的韵律感的同时，还要体现攻防技击性，这种要求与特点最终都是要借助于演练者的身体表现出来，也就是说，武术中的身体运动与其他体育项目中的身体运动存在着巨大的差别，它不但追求给人一种美的享受，更重要的是，能在身体运动的过程中体现出攻防技击性，从而展现武术的哲学、文化、美学涵义。

往往一说到武术，便是攻防技击、功法，便是如同武侠小说所描绘的那种杀人于无形。在西方，中华武术更多的是以一种技击术来传播，功夫也成为了中华武术的代名词。但不可否认的是，从定义上来看，武术的确是一种自卫的技击术，就技击而言，武术套路是为了便于记忆、训练和传授而产生

---

[1] 郭守靖，郭志禹.以武术弘扬民族精神的历史回顾与教育策略［J］.体育文化导刊，2006（8）：65.

的。世界上的每个国家和民族都有其技击术，那里的人们与中国人的人体结构相同，与中国武术一样，他们的技击术也要遵循一样的人体运动规律。但是，为什么他们，特别是西方，并没有产生像中国武术这样体系完整、内容丰富的技击套路，并至今还在流传呢？很显然这与中国文化的背景有关。武术在中国产生并发展，在这个过程中它深受中国文化背景的影响，使其在各方面都带有浓厚的中国文化色彩，因而武术也表现出独特的民族文化特点。

中华武术是中国民族文化形式的一种，它不仅表现了对中华民族攻防技击的理解和运用，同时还表现了中华民族的思想感情、意志、欣赏习惯、思维特点、理想、追求等各种心理素质和文化特点，如"刚健有为""天人合一""贵和上中""以人为本"等。

武术讲究"以德为先"，武德中包含了儒家传统文化的精华，如"仁""义""礼""智""信"等，习练者在习练武术时，首先用这些武德武训来规范自己，并在传承和发展武术中以身作则。武术文化教育为优秀民族文化的传承和发扬搭建了良好的平台。这正如邱丕相先生所说："深入地发掘武术内涵的民族精神，并在弘扬和培养民族精神中发挥积极的作用，是武术理应承担的历史责任。从文化战略的高度来认识武术当代发展的价值定位，把武术作为一种弘扬民族精神的文化资源和进行思想道德建设的教育资源与手段，也是武术教育大有所为之处。"[1] 发展至今的中国武术，不再简单的是一种技击术，武术的核心价值观与中华民族传统文化精神是一致的，武术早已经形成了独具一格的文化体系。武术文化教育不仅仅起到强健体魄的作用，还张扬着"刚健有为""厚德载物"的民族精神，践行着"道德至上"的行为特征，是一种教化之学，是文化自觉的表现。

---

[1] 邱丕相.弘扬民族精神中的武术教育 [J].哈尔滨体育学院学报，2005（4）：1.

以武术为载体和支撑点开展弘扬民族精神、爱国主义的教育是当前武术文化发展的历史使命，而武术以何种内容、方式、手段对中国青少年进行武术文化教育，是当前武术课程改革的关键。

（三）武术文化教育能够促进个人发展

1.强健体魄的功能

一国之强大，在于科学技术，技术的发展在教育。一个人的发展，包括了身体、心理和精神文化在内的全面发展。俗话说的好，身体是革命的本钱，一切发展的物质前提是得有一个好的身体。武术文化教育即是一种身体的教育，具有强身健体的价值功能。就拿简单的武术健身操而言，它是将武术、现代健身操等技术精髓和规则融为一体而形成的一种独特的运动方式，这种形式新颖、结构合理的运动方式基本上都是有氧运动，能够满足大众的健身需求。武术首先是一种身体运动形式，通过武术训练不仅能促进身心健康，发展记忆，还能培养坚强、坚忍不拔、团结友爱等意志品质和集体主义精神。

2.培养自强不息的意志品质

练习太极拳有"太极十年不出门"之说，说明习练武术并不是一朝一夕、一蹴而就的事情，需要我们有坚强的意志力和足够的耐心。此外，练习武术也必须有不怕吃苦的精神，武术谚语讲"冬练三九，夏练三伏""一日练，一日功，一日不练十日空""欲学惊人艺，须下苦功夫"，这就要求习武者要脚踏实地，刻苦练习，不能半途而废。习武是一个艰辛而漫长的过程，因此，在学习武术的过程中，可以培养自强不息、奋发图强的意志品质和吃苦耐劳、脚踏实地的做事风格。

3.武以观德，崇德尚能

王立峰在《论青少年武德教育》一文中指出，武德是中华武术在几千年的实践发展中，习武者不断从优秀的传统文化中吸取智慧和营养而逐步形成的传统道德准则，是中华民族传统道德的重要组成部分，亦是我们中华民族宝贵的精神财富。"未曾学艺先学礼，未曾习武先习德"，自古以来，武术的传习一直把道德教育作为整个武术文化教育的中心。技击是中国武术的本质，但崇德尚能、尚武不尚力是武术文化的传承内涵。武术文化教育有利于习武者形成优秀的武德品质，对其思想品质的塑造具有重要的作用。武术历经几千年的发展，在现代武术比赛中，依旧要求运动员上下场行抱拳礼，这既是对对手的一种尊重，也是用"礼"对自己的一种规训。这些要求教育，规范着人的言行举止；这些礼节，蕴涵着谦虚礼让、虚心好学的道德品质。这不仅是对人的举止、体态和身形的塑造，而且也是武德教育的良好体现。

4.创新能力的培养

创新是一个民族前进的不竭动力，同时也是武术文化发展的灵魂。在新时代形势下，每个人都应具备与时俱进的精神，这种精神的培养，实质上就是创新思维的培养，武术文化中的创新是以传统武术为源头，用现代科学方法对武术进行挖掘、整理、继承和发展。将创新精神融入武术文化教育中，最直接的表现就是帮助武术习练者对人生目标的确立和知识的学习。

5.传统武术的美育价值

武术是一种身体的运动，首先表现出来的是一种外在形式的美，例如劲力美、节奏美、韵律美，这些美是武术的外在美，我们直接可以观察到。而对于中国武术的内在美，只可意会，不可言传，只有达到身与心的合一，才能够体会到武术至美之境。内外合一、形神兼备的中国武术，不论是由外到内还是从内而外都蕴含着丰富的艺术特性，无一不给人们带来强烈和深刻的美感。在武术文化教育中，可以陶冶习武者的情操，提高审美水平和艺术鉴赏力，增强习武者发现美的能力，提升艺术修养水平。

传承了几千年的中国传统武术套路，是在中国传统文化的滋养和哺育下发展过来的，它吸收和渗透了中华民族的知识、艺术、道德和风俗等多种文化形态，蕴含着丰富的文化内涵。传统武术套路的内容和形成，都体现着中国古典的哲学理念、伦理道德、兵法思想、美学观点等丰富的传统文化。关于武术套路技术以及武术推广，武术界研究的较多，但对传统武术套路美学价值研究的则较少。近年来我国武术中的搏击类项目以其简洁、实用等特点在市场经济社会中得到了蓬勃发展，而以套路动作为主体的传统武术套路却未能引起人们的关注，存在着将传统武术套路中含有美学价值的套路动作误认为是花拳秀腿的错误观点。在套路比赛中为取得高分，片面追求套路动作的高难度，却忽视了传统武术套路中的精、气、神的内在表现，这些都是对传统武术文化的美学价值的忽略。

传统武术套路具有很高的美学价值，中国传统美学思想的审美特点，在传统武术套路中有着集中的反映。追求艺术的最高理想神韵；崇尚自然之美，以自然之美为大美；强调武术家的人格美；等等，都是其美学思想的直接具体体现。

（1）武术文化的神韵美。"韵者，美之极"。美学思想家把"韵"这一特殊术语概括为"超然于世俗之外的节操、气概，从而表现出神态、风度"。在武术文化中表现出的"神韵"，正是一种整齐、和谐、具有节奏的美。武术动作中对"起""落""动""静""快""慢""高""低""轻""重""刚""柔"分寸的掌握，将其形成互相衬托、互为补充的辩证统一思想，充分体现了武术的鲜明节奏感，体现出武术文化独特的神韵美。

（2）武术文化的意境美。美学范畴的"意境"，通常被诠释为文艺作品中所描绘的图景和表现的思想感情融洽一致而形成的一种艺术境界。武术按一定的审美需要和价值取向，将攻防的技击动作进行艺术加工，和编创者、演练者的情感精神融合一致，在似像非像中达到"情技"交融，"情景"交融，"神形"交融。

二、武术文化教育的使命

1916 年武术进入学校，一直与其他体育项目一样承担着相同的角色，只强调了一点，即武术是中国的"民族传统体育项目"。但和韩国把跆拳道作为"国技""国宝"以及日本把武道教育纳入国民教育体系之中相比，对武术文化的教育价值，我们还是有所忽视的，我们需要重新认识和思考中国武术文化的教育价值。

在文化全球化的今天，武术亦是一种文化资源，汇聚了中国传统文化的精粹，彰显着中国文化的基本精神。武术文化也是一种教育资源，作为独有的民族传统体育项目进入学校，可以让青少年通过身体运动感受到民族文化的博大与厚重，潜移默化地接受这种文化的熏陶，体悟"技术后面的文化"。中宣部和教育部于 2004 年 3 月联合下发了《中小学开展弘扬和培育民族精神教育实施纲要》，其中提到在中小学的体育课中要将中国武术文化的内容予以适量增加，而且对武术课的比重也要增加。武术界的专家和学者对于武术文化教育问题也开始关注，探讨和研究武术文化教育中存在的问题，教育部和国家武术主管部门也认识到当前武术文化教育的严峻形势和武术文化教育在传承民族文化、捍卫民族文化安全、弘扬民族精神方面的作用。2004 年底，教育部开始实施体育、艺术"2+1"工程；2005 年初，国家体育总局武术研究院成立"关于学校武术教育改革和发展的研究"课题组；2006 年 7 月，在上海体育学院召开"全国民族传统体育专业论坛会议"……以上这些举措强调了新时期武术文化的教育价值和使命。

我们无法回避飞速发展的时代和全球化的历史进程，文化安全的危机也使我们难以轻松，在这场"文化保卫战"中，武术文化也应该承担起新的历史使命。只有深入挖掘、开发武术文化的教育价值，不断赋予武术新的文化内涵，使武术文化教育适应当前时代发展的需要以及广大青少年的思想和身心发展特征，武术文化教育在学校才不会被拒绝，可以在已经成为时尚的跆拳道大兵压境的形势下，显示出中国文化的兼容气度和融会贯通的风范。当然，我们也看到当前武术文化教育所面临的严峻形势和岌岌可危的存亡之争。学校武术"无人教、无人学"的局面让每一个喜爱武术的人难以乐观，长期以来武术文化教育的竞技化的倾向和缺乏攻防技法的教学模式让许多学生纷纷投向空手道和跆拳道。因此，武术文化教育必须改革，要与专业的竞技武术模式相区别，注重武术的技法，要在武术文化教育中融入文化内涵、礼仪和品位，这样武术文化教育才能真正承担弘扬民族精神的历史使命。

文化的全球化是一把双刃剑，带来福音的同时，也存在一些陷阱。经济、文化全球化必然带来文化安全问题，只是一味的守让，并不能取得民族文化的偏安一隅或者安然无恙，面对强势文化的入侵，投降或是怯弱只能是民族文化的毁灭乃至民族精神的消亡，带来的是民族的衰落。在文化安全成为时代主题的时候，从本民族的文化中寻觅、提炼那些能代表本民族灵魂和精神的内容，配置最佳的载体，来传承民族文化、弘扬民族精神，才能取得本民族的文化安全以及本民族文化的传承与发扬。

第二节　武术文化教育的发展

一、武术文化教育的发展历程

（一）古代武术文化教育

在回顾古代武术文化教育之前，首先需要明白"武"与"武术"的差别。无论从内涵还是从外延来说，"武"与"武术"的区别都很大。文治武功，武与文是相对而言的，"武"更倾向于是一种军事训练手段，如作为古代教育内容的六艺中的射、御，其内容和形式与现在的"武术"都是不同的，且武的目的是为了维护统治阶级的统治，而现在所言的"武术"，则是通过锻炼身体的一种活动而进行的个人修行，因此，将射、御等与武术相提并论显然是不合适的。战国至鸦片战争（公元前475—1840年）的两千多年时期内，由于"文武分途"，逐渐形成一种轻武重文的社会风气，特别是自汉代后长期处于"儒学独尊"的局面，学校只重儒经，包括武术在内的体育内容基本上被排除在学校教育之外[1]。隋唐时期，艺术、舞蹈、音乐等与"体育专业"并没有列入"国子寺"这样的专门的教育部门，只属于封建统治机构中的"太乐署"。唐代以后，尽管教育从军事政治中独立出来，但受封建教育等级制度的影响，教育只是少数统治阶级的教育，对社会影响面很小，即使有体育教育的内容，但其对社会文化的整合也是有限的[2]。

春秋时官学开始衰落，以孔子和墨子为代表的私学开始兴起。这两家私学都与武术文化教育有着密切的关系。《史记·孔子世家》曰："孔子以诗、书、礼、乐教弟子，盖三千焉，身通六艺者七十有二人。"儒家思想核心是"仁""舍生取义""杀身成仁"，但孔子"不以力自矜，知夫筋骨之力，不如仁义之力荣也""劲能拓国门之关，而不肯以力闻"。可见，儒家把力与德对立起来，"武"服务于"文"，"武"都是与"礼"结合，更为关注的是"礼"的培养、"仁"的实现，其重文轻武的思想可见一斑。而墨家与武术关系密切的则是"侠"的称号。墨家对武术的重要贡献，是将侠义精神贯穿于武术文化教育之中，使具有技击性的武术受到"义"的指导，这有助于习武者为社会惩恶扬善，锄强扶弱。在今天看来，这一教育思想仍具有重要的意义。由此可见，墨家认为力与德是统一的。墨家对武术的影响是较为全面的。只可

---

[１]　徐永昌.中国古代体育［M］.北京:北京师范大学出版社，1983：155.

[２]　童昭岗等.人文体育——体育演绎的文化［M］.北京：中国海关出版社，2002：79.

惜，在古代社会，墨家并不处于主流地位，逐渐淹没在儒道文化的大潮中。清初进步的教育家颜元主张人才的培养要文武兼备。他晚年主持漳南书院，计划"建正庭四楹，曰'习武堂'。……'武备'课兵法、战法、射御、技击等科"[1]。其中技击、射御等与武术教育有关。而毛泽东则认为，"习斋远跋千里之外，学击剑之术于塞北，与勇士角而胜焉。故其言曰：'文武缺一，岂道乎？'……皆可师者也"[2]。私学盛行，智者倡导，对武术文化教育的发展起到了一定积极作用，而重文轻武大环境的影响，却使得这种影响微乎其微。在两千多年的中国封建社会里，关于学校对武术进行传播的记载和事例很少，这是"独尊儒术""重文轻武"的社会环境造成的直接后果[3]。

纵观古代武术文化教育，大致具有以下特点：

（1）受众较少；

（2）致力于为统治阶级培养人才和接班人；

（3）重视伦理教育，礼法的规范使其成为实现"仁"的手段。

从春秋战国时代的"文武分途"到汉代"罢黜百家、独尊儒术"起始，伴随着重文轻武的教育思想、教育体制和社会风俗，由"为政尚武"到"仕而优则学、学而优则仕"、由"六艺"到"四书五经""诗词歌赋"再到"君子劳心、小人劳力"等的变化，中国正式走上了文弱之途。尽管在某些时候，由于战争的需要，统治者为了维护其统治而暂时重视武备教育，但是这种影响力是有限的。直到近代，在西方列强侵略中国之时，这种重文轻武的弊端便彻底显现出来，以往的暂时策略也不再发挥作用，中国到了不得不觉醒和改变的时候了。

[1] 毕世明.中国古代体育史［M］.北京：北京体育学院出版社，1990：423-424.

[2] 毛泽东.体育之研究［M］.北京：人民体育出版社，1979：3-5.

[3] 彭杰.古代官学与私学中的武术传播［M］.上海：上海体育学院学报，2008：66-69.

（二）近代武术文化教育

鸦片战争以后，帝国主义列强侵入中国，清王朝内外交困，面临危亡，一些官僚和有识之士为了挽救清廷的灭亡，推出了"求富""自强"的洋务运动，开始学习西方，兴办西学。维新派首次提出了在学校教育中必须坚持德、智、体三育并重的思想，清政府为缓和阶级矛盾，于1903年颁布了《奏定学堂章程》，标志着我国近代学校体育的形成。近代学校体育的初步形成也使武术文化教育得到进一步的发展，它改变武术师授徒承、口传心授的小农经济教育模式，为武术大规模、高效地传播奠定了一定的社会基础。

辛亥革命以后，武术引入体操、拳脚、西方摔跤等内容，成为新武术，作为学校武术文化教育的统一教材。霍元甲于1910年6月在上海创办的精武体操学校，是我国第一所将武术列为主要教学内容的学校，极大地促进了武术文化教育的发展[1]。据《教育杂志》记载，从1913年起，武术项目出现在各类学校的校运会中，1914年，徐一冰先生建议将武术列为高等小学、中学、师范学校的正课，翌年4月，北京体育研究社的许禹生等人委托北京教育会在"全国教育联合会"第一次会议上代为提出《拟请提倡中国旧有武术列为学校必修课》议案，1915年，江苏举行了省立学校第二届联合运动会，竞争项目的1/6是武术内容，这说明，武术正在成为学校体育的重要组成部分。1915年，教育部明令"各学校应添授中国旧有武技，此项教员于各师范学校养成之"。至此，武术被列入学校体育课程已完全合法，标志着源远流长的中国武术正式进入学校教学，成为体育课程的一项重要内容[2]。

近代武术文化教育具有以下特征：

---

[1] 吕光明.我国学校武术发展源流探源［J］.武汉体育学院学报，1993（3）：23.

[2] 王晓东，高航.武术进入学校教育的历史溯源［J］.首都体育学院学报，2004（3）：122.

（1）近代武术文化教育是在古代武术文化教育的基础上发展起来的，这与当时的教育需要和历史背景是分不开的；

（2）近代武术文化教育的发展与教育部门重视和政府要人、社会名流的提倡是分不开的；

（3）武术传习机构的建立培养了大量的人才；

（4）近代武术文化教育的发展首先是来自于"土洋之争"，"尚武精神"在学校得到捍卫，东西文化的撞击使文化教育得到了新发展；

（5）武术教学情况发展很不平衡，武术师资经历了聘请到培养的过程。

（三）现当代武术文化教育

新中国成立后，在建设社会主义新中国时期，武术是社会主义文化、体育事业的重要组成部分，武术以全新的面貌在教育教学中开展。不同时代，人们关于武术的认识也不同，武术所起的作用也不同。

随着武术在学校中的开展逐渐步入正常轨道，武术的"地位"也发生了一些变化，经历了由体育院系的正课到选修课再到专业课，一系列武术教材也相继出版。为了使武术成为全国普通大、中小学学生增强体质的手段，各学段的体育教学大纲也开始编写，武术被列为基本教材，陆续出版了相应的参考书。改革开放后，武术文化教育的变化还反映在许多大、中小学在群众性武术锻炼的基础上，成立学校武术协会、校际武术协会以及武术辅导站等，使武术训练、教学、比赛等开始进入系统管理的轨道[1]。此后，关于武术方面的馆校蓬勃兴起。一些高校也相继开始招收武术硕士、博士研究生。这些都是武术文化教育的大事，还有就是通过学校进行的国际武术交流。2004 年 3 月 30 日中共中央宣传部、教育部颁发了关于《中小学开展弘扬和培育民族

---

［1］ 吕光明.我国学校武术发展源流探源［J］.武汉体育学院学报，1993（3）：23-25.

精神教育实施纲要》，武术随之又被提到了弘扬和培育民族精神教育的高度。《关于学校武术教育改革和发展的研究》课题组进行的中国中小学武术文化教育改革与发展的研究就是基于此而展开的。

从民间技艺到武术教育，由师傅带徒弟到老师和学生，由打打杀杀到硕士、博士层面的研究，由国内走向国际，武术经历了翻天覆地的大变化，武术受到了越来越多的关注，武术的社会地位也越来越高。学校给了武术"施展才华"的舞台，但是这种"崇高地位"与武术实际所起的作用相符吗？如果说古代武术文化教育是为统治阶级培养人才服务而表现出"重德轻力"，近代武术文化教育是力图拯救中华民族于危难而表现出"尚武精神"，那么，在现、当代，要实现社会转型或社会的现代化，其关键是文化转型或文化现代化，即人的现代化或人的存在方式或行为模式的根本性转变，教育对此是责无旁贷的，其作用是至关重要的，武术文化教育也应为此发挥自己独特的作用。在当代，武术文化教育应致力于人的现代化或人的全面发展或人的存在方式或行为模式的根本性转变。而要充分发挥武术文化教育的作用，必须全面地理解人发展的现实需要，对武术及武术文化教育有正确的把握。

现如今的武术文化教育具有以下特征：

（1）武术文化教育向着规范化方向发展，中小学武术教学大纲发生了深刻的变化，内容逐步趋向合理；

（2）大学武术教学呈现多元化发展局面；武术师资队伍建设在一定程度上得到了的改善，体育院校武术文化教育不断扩展，各地武术馆校的规模不断扩大。

二、武术文化教育的发展现状

（一）武术在中小学中的发展现状

中小学时期是人一生成长的关键时期，也是身体健康的定型阶段。在这一特殊时期内，进行武术文化教育和训练对人体的促进作用是许多其他运动项目所不能代替的。大量研究表明，武术运动对人体的各内部器官以及外部形态都有着积极的影响作用。经常从事武术练习能有效提高人体的伸展性以及肌肉的力量，提高关节运动的幅度，增强骨骼抗折、抗弯、抗扭转、抗压缩的能力。

武术文化教育历来重视"武德"，把"尚武崇德"作为武术文化教育的基本原则之一。在对中小学生进行武术学习与练习中，要培养学生养成"尚武崇德"的精神，轻利重义的人格品质。

（二）武术在高校中的发展现状

尽管传统武术已经进入到各高校，成为高校的必修课程。但是普通高校对于传统武术的重视程度并不高，引进的武术专业教师也比较少。在教学上，师资力量严重不足，对武术教学的重视不够，在一定程度上挫伤了学生们的积极性。课时安排上远远不够，只是为了完成教学任务，并未合理设置教学内容。高校应积极开展武术课程，完备武术师资力量，鼓励学生积极加入武术社团，使武术真正在各高校中得以流传与发展。

此外，高校应重视武术文化在武术教学中的地位。传统武术蕴含着很多其他中国传统文化的精髓，包括美学、行学、伦理、医学、兵法、军事等传统文化的内容。在高校中推广武术文化教育，开设武术课程，学生在学习武术技术的过程中，将道德修养以及整体合一作为重点，使学生感受到中国传统文化的魅力。通过学习武术文化，可以起到很好的文化教育作用。

通过武术文化教育可以培养大学生坚韧的意志品质，培养大学生的道德规范以及正确的竞争意识，培养大学生开拓创新的能力。将武术文化精神融入普通高校学生的教育中，最直接的作用就是帮助学生对人生目标的确立和知识的学习。

三、武术文化教育发展面临的问题及对策

（一）武术文化教育发展面临的问题

随着时代的发展，武术文化教育面临以下几方面的问题：

（1）武术文化教育中传统文化的流失与振兴

今天的武术主要是作为一种体育运动形式存在，但人们往往忽略了老祖宗留给我们的这一珍贵的文化遗产，忽视对它的文化内涵和教育功能的探究及认识。过去我们经常讲"武术属于体育，但又高于体育"，但是在实际上武术常常只是被作为一种简单的体育项目看待。如同田径、篮球、足球一样，没有把武术作为中国特色的民族体育项目。这不仅隔膜、淡化了武术的文化内涵，而且对民族文化的传承也造成了很大的影响。

（2）体育全球化背景下外来武技对武术文化教育构成了很大冲击

在当今市场经济条件下的数字化时代里，武术这个如此博大精深的艳丽奇葩也已黯然失色。体育全球化过程中流行体育利用先进的传播手段和时下一些中国人对异族文化、西方文化的崇洋媚外心态，使习练武术的人越来越少，尤其是青少年人群很少。对于武术在学校中开展所受到的巨大冲击，我们应该予以正视和重视，这一点并不是耸言听闻，应该是我们每一个武术工作者觉醒后的呐喊。若对这一点我们不能及时认识到并采取积极的行动，那就很难实现武术文化教育进一步发展的愿望。

（3）武术文化教育内容的大众化与实际教学中的竞技化相悖

学校武术是以学校为传播范围，以青少年学生为习武对象，以教育、普及和传承为目的的武术活动，它具有目的性、计划性、针对性、可行性和教育性的鲜明特点。

竞技武术是以创造优异运动成绩、夺取比赛优胜为主要目标，以体育竞赛为主要特征的社会体育活动。竞技武术是以发展人的最大潜能、挑战人类

极限为前提的，在对抗性项目上追求发挥人类最大的潜能来达到制胜的目的，在套路比赛与表演上追求"高、新、难、美"。

在概念界定上学校武术与竞技武术是有本质区别的，所面对的对象二者也是有本质的区别的，前者重普及后者重成绩。多年来我们并未对二者进行明确的界定和区别，这也注定导致出现学校武术教学中竞技化很重的现象。近些年来，很多人把重心放在竞技武术的争金夺银上。中小学的武术比赛也是以高考加分为杠杆，推进竞技武术的发展。国内外武术界的学者、专家普遍认为，竞技武术的文化底蕴已经出现了明显的淡化，应该引起我们的深思[1]。

（4）武术师资力量以及水平有待于进一步提高

我国武术文化教育的现状不甚理想，主要与教师的武术技能和水平不高有最直接的因果关系。对于这一关键性问题我们不仅要及时地认识，更重要的是给予高度的重视和切实的解决。

（二）武术文化教育发展的一些对策

面对这些问题，武术文化教育在发展的过程中可以采取如下几条对策：

（1）在课程的设置上采取"2+1的教学模式"。即两节体育课，一节武术课。任何人、任何课程不得以任何借口替代武术课。

（2）在师资配备上，武术要想广泛开展的前提之一是各级各类学校必须至少配备一名武术专业教师，或有武术专长的体育教师。

（3）在教师培训上，要使武术教师明确：武术运动不仅仅是一种技术，更重要的是其丰富的文化内涵，对学生的民族传统文化教育和完整人格的塑造有积极的作用；武术是一项群众体育项目，不能简单定位是为了培养

---

[1] 马剑，邱丕相.对武术实存的评析与反思 [J].体育科学，2007（5）：92-93.

运动员。

（4）在理论上，要编写一套能反映历史民族英雄以武爱国的读本，再配合武打影视片进行武德教育。

（5）在技术上，创编几套适合学生实际的实践教材。套路类：动作组合、套路小段、初中级套路（包括常用的器械）等；操类：武术操、搏击操、动律操、器械操、团体操等；对抗类：对练组合、擒拿格斗、散打组合、简易推手等。

（6）在管理上，对于武术文化教育的发展，政府和教育部门要有硬性的规定，如评选一批以武术为特色的学校和训练基地；在各级学校中实施"武术段位制"；试将武术列为各级升学考试的内容；构建不同形式的竞赛制度；在高等院校建立高水平武术运动队、武术协会、武术俱乐部等，以会员制的形式开展多种武术活动。

（7）在武术教学设计上，要体现"淡化套路、突出方法、强调运用"的指导思想。创造出一套有传统文化内涵、简捷实用、有代表性的武术套路，在教学大纲中增加搏击类项目内容比例。在教学上首先采取结合现实实用单招练习，然后进行有喂引的模拟的攻防练习，最后是套路的模式。使武术真正实现其应有的价值，成为传承民族精神的途径。

第三节　武术文化教育体系的构建途径

一、构建武术文化教育体系的必要性

从 20 世纪初的"土洋体育论争"到徐一冰等人上书国民政府将中国武术设列为"学校体育课程"，一个世纪以来的中国武术文化教育始终捆绑在西方体育教育的巨轮上发展，长期作为一个特殊的"怪胎"处于"寄生于西方体育"状态下生存。这样的"捆绑"和"寄生"，导致了中国武术文化教育发展的过程中出现了很多问题：

（1）在一定程度上，长期以来的中国武术文化教育过度地关注新武术，忽视了它的雅俗共享性，忽视了武术的传统性，冷落了传统武术的存在。不断翻新的新武术被视为教育推广的重要的、甚至是唯一的教育内容。

（2）长期以来对于中国武术文化教育问题，我们却忽视了关于它作为身体文化教育的中国本土产生的问题。在中国武术文化教育的过程中，机械地将西方体育教育的种种要义，全部地实施了"拿来主义"。

（3）中国武术文化教育问题的评价，长期以来我们对于它的表层功能即身体锻炼的属性给予了更多的重视，而对于它的大教育功能、大文化功能却未能很好地挖掘。机械地将西方的自然科学、量化的评价作为中国武术教育效果评价的唯一标准，对于它的人文社会科学属性基本忽略。

（4）长期以来关于中国武术文化教育，我们始终没有给一个准确的学科定位，忽视了它的源远流长和博大精深。始终将其锁定在一个运动项目的狭小空间，肢解了中国武术的深厚宏大。

中国武术文化教育不仅偏重于技术，又往往侧重于体育形态的中国武术价值。因此，对于这100年来的中国武术文化教育的问题，我们有必要进行深入地反省，在总结前人的智慧和经验的基础上，弥补他们的缺陷，尤其是要弥补那些作为一个现代民族国家，要弘扬自身的文化等诸方面存在的缺陷。有必要对中国武术的完整性进行重新的归位处置，以新角度、新方法、新视野对中国武术进行了解，进而形成多元共构、与时俱进的中国武术文化教育新体系。

二、构建武术文化教育体系的途径

（一）树立武术文化教育意识

1. 强化"国家意识"

回眸一个世纪以来的我国学校身体文化教育，我们可以告诉世界：我们始终在走一条西方身体教育之路。今天的学校身体文化教育几乎被西方身体文化所垄断。不论是教育教学内容的选择，还是教育教学理念的形成，传统的民族文化在其中所占的份额越来越弱化，越来越少。

从某种意义上说，如今中国武术文化教育的存在，并没有按文化教育的规律占取应有的体育教育份额，仅仅成为一种意志和姿态存在着。中国武术文化教育着实表现出一种"苍白的武术教育的合法性与丰富的体育教育的不合法性"的冲突，尽管这种评价不令人鼓舞，但的确是不得不正视的事实。

当下的中国武术文化教育现状的形成，其缘由一方面来自体育概念的深入人心，体育价值的单极化根深蒂固。另一方面来自繁杂的大众体育文化或域外体育文化的冲击。进而导致中国武术教育的单调和苍白。这种单调和苍白，使得它在一个体育极度开放的时代根本无优势可言。而更为重要的因素，是来自我们对中国武术教育的"国家意识"的强化程度不够。

没有优势可言的中国武术文化教育，必然导致中国传统文化的流失。然而，武术是文化的，是历史的，更是民族的。"在今天的社会发展中，经济的发展不是唯一的社会进步指标，在一个国家综合国力的衡量上，民族的传统文化是不允许缺失的。社会是由历史中无数个点联接而运动起来的，并在运动中将优秀的文化加以保存和积淀。不断地发展，形成这个社会巨大的精神财富。因此，社会的进步不应该是断裂的，文化的历史是不能够中断的，传统文化需要延续，这已经不是人们是否感兴趣的问题，而是人们必须面对的一种抉择：与传统文化割裂的民族是没有前途的"[1]。因此，在中国武术教育新体系构建的过程中，要彻底地改变中国武术文化教育的劣势地位，强化"国家意识"是我们必须树立的一种决心。

"文化，作为意识形态的表意形式，其自由不是没有限度的，它必须限定于意识形态的问题框架之内，去满足社会对文化的需求"[2]。武术文化的传播是弘扬民族精神的需要，是民族文化复兴的需要。因此，必须建立一种"国家意识"，而不是"社会意识"。"国家意志的表达，构成了国家主流的意识形态……意识形态并不是供社会成员自由选择的，不管人们是否愿意，他们都得接受。谁不与一个社会的意识形态有认同，谁就不可能进入这个社会，所以意识形态是通过强制的、无意识的方式为社会成员所接受的"[3]。

学校教育应该承担起民族文化的传播、继承和推介的文化责任。因为，对文化的关注离不开教育，教育是文化形成和反作用于社会生活的中介点。武术作为文化的代表，必须关注其在学校教育中的状态，必须得到学校教育的高度重视。因此，将武术文化教育作为国家意识形态的需要，实行指令性的国家意志，推进中国武术文化教育的真正重生。

构建中国武术文化教育体系，强化武术教育的"国家意识"，就是要明确学校教育必须要有武术文化教育，学校教育过程中必须开设武术课，学校教师人员中必须要有专业武术教师，学校教育必须考核武术文化教育。

夹杂在体育教育中的中国武术被边缘化，夹杂在体育教育中的中国武术被运动化；夹杂在体育课中的中国武术文化教育被软化，夹杂在体育课中的中国武术文化教育被弱化。强化国家意识，就是要提升武术文化教育的地位；强化国家意识，就是要使武术文化教育承担民族文化传承的责任；强化国家

---

[1] 马雅丽.传统文化京剧文化与大学生教育［M］.合肥：合肥工业大学出版社，2006-8.

[2] 孟繁华.当代中国的文化冲突问题［M］.北京：今日中国出版社，1997：77-78.

[3] 孟繁华.当代中国的文化冲突问题［M］.北京：今日中国出版社，1997：77-78.

意识，就是要使武术文化教育成为面向所有受教育者的一种不可或缺的教育内容。因为，"无论从战略视角、文化视角还是教育的视角，都必须把武术文化教育提高到一个重要的战略高度来认识，武术文化教育任重而道远[1]。"

2.树立"学科意识"

在构建武术文化教育体系的过程中需要树立"学科意识"。在中国武术文化教育的发展历程中，一直受到西方体育教育模式的影响和制约，使中华武术的丰富文化内涵无法充分地体现出来。武术作为中华民族体育文化的代表，并没有得到学校教育的足够重视，只是众多体育项目中的一个分支，武术教学时间只是几个小时甚至更少的时间。在学校教育领域中，武术的地位并不高，只是体育学科众多项目中的一个分支，它在学校所处的地位低下这种形势使中国武术难以得到较好的发展。为了使中国武术得到更好的发展，在构建武术教育体系的过程中需要树立"学科意识"，这是体系构建的关键所在。

3.回归"国学意识"

对于当今武术文化教育发展中的种种问题的形成，是我们始终没有摆脱"体育"武术的视野，将博大精深的中国武术框定在"体育"的范畴，将武术专业依附在"体育学"之下，将武术教育锁定在"体育课"之内，将武术的文化建立在"西方体育"理论之中，将武术仅仅作为"身体运动"来看待，极大地缩小了武术文化的生存空间。正如文化学者余秋雨指出的，"大文明是需要大空间来承载的。空间小了，原来的大文明也会由大变小，如果不变小，就会被撞碎，或者被放逐"，武术在历史的形成过程中，它的文化内涵应该是多种文化的集合体，武术技术的存在只是它的外在表现形式而已，而中国武术的核心要义则是技术之外的文化。在大空间形成的中国武术，只有在大空间中存活，它才能更有生命力。中国武术回归国学的寻根，应该是还武术于

---

[1]　邱丕相.中国武术文化散论 [M].上海：上海人民出版社，2007：128–131.

中国文化的必然结果。

我们选择了博大精深中国武术发展的体育之路是无可厚非的，但我们不应只追求体育化武术的发展，而需要更多地关注它的民族性价值，挖掘其文化、艺术、教育、社会等价值。体育的武术使中国武术变得单一简单，体育的武术使中国武术远离文化，体育的武术使中国武术远离传统，体育的武术使中国武术异化。因此，放宽视域，从国学的立场出发，开展中国武术文化教育，才可能还中国武术一个真实的、宽松的教育空间。

（二）构建武术文化课程体系

课程在教育中居于核心地位，课程是组织教育教材活动的最主要的证据，是实现教育目的的重要途径，是集中体现和反映教育思想观念的载体。武术文化课程是指为了实现武术文化教育的目标而规定的武术文化教育内容及其结构、程度和进程，是培养学生武术能力、增强体质、了解民族传统文化和为终身健身打基础的重要途径。对武术文化课程体系的构建应大力推进武术理论创新，不断赋予当代武术文化的时代特色、民族特色、实践特色。

1.武术文化课程体系构建的指导思想

（1）树立"健康武术"的指导思想

随着时代的发展，我国经济的发展迅速，物质条件不断改善，人们生产和生活自动化水平不断提高，运动不足和"生活方式病"等问题越加严重。"学校教育要树立健康第一的指导思想"，这是我国学校教育发展和改革的指导思想和方向，也为学校课程改革指出了方向。"健康第一"不是简单地对身体健康提出要求，而是对身体、心理及社会适应能力的全面促进提出要求。随着社会的不断进步和发展，体育科学化、娱乐化、社会化、终身化的发展趋势明显，武术文化教育不仅要注重增强体质、增进健康的实际效果，还必须着眼于个体生存、享受、发展的需要。

武术注重内在自我修养、整体和谐和对抽象的武道、武德的追求，而西方体育则是强烈的外在自我表现、局部技能鲜明与训练的具体性。中国武术在形成的过程中，深受中国人独特的心态模式、思维方式、价值取向的影响，在保身、健身、自娱、尚礼的理论观念指导下，虽说武术文化是"以攻防格斗动作为核心的人体文化"，但它更多地则是反映了中华儿女修身修己、与人为善以及对身体、心理及社会适应能力等健康因素的追求。"健康武术"的指导思想，充分体现了武术文化的内涵，是推动武术文化教育发展的关键因素。因此在构建武术文化教育体系的过程中，要树立健康第一的指导思想，切实加强学生的身心健康教育，培养学生坚持锻炼身体的良好习惯，培养学生的竞争意识，培养学生的协作精神和毅力。

（2）树立"人文武术"的指导思想

苏霍姆林斯基认为："体育是人的精神生活充实和文化知识丰富的起码条件。"一直以来，"增强体质"和"技能传授"是我国学校体育教育的主要目的，我国学校体育教育的人文教育色彩淡薄，反映出工业化进程对教育发展的要求。

人文包括精神、文化和文明，是指人类社会中的各种文化现象、文明现象和精神现象。人文武术是以人为本的武术，是弘扬人文精神的武术，是尊重人、教育人、熏陶人、锻炼人、提升人的武术。通过武术文化的学习，使人们形成良好的礼仪习惯、道德品质和文明风尚。进入近代社会以来，西方强势体育文化对我国武术运动影响巨大。武术为了进入奥运及国际化传播，进行了一系列的改变，越来越重视难度的提高以及技术的规范，却丢失了武术的神韵和意境。"体育技术化发展模式使人类原来构建的东西：体现不断进取的精神和超越自我的理念受到了严重的破坏。这种破坏是以人们将体育价值目标转向为超越人体运动极限，并最终转化为打破量化的记录的获得优胜为基本内涵的价值目标，从而使得体育越来越注重对功利性结果的追求，而忽视或遗忘其原本承载的价值。所以，技术化的发展使得体育价值体系与其本意产生了严重的背离现象，并最终使其自身陷入了种种人文困境之中"[1]。在武术文化教育体系构建的过程中，要坚持"以人为本"的人文武术。武术文化教育以学生为本，尊重学生的主体地位，注重学生的学习方式方法，关注学生的个体差异，激发学生的学习兴趣，提高学生的学习能力和创新能力。

（3）树立"终身武术"的指导思想

法国著名教育家保尔·郎格朗（在联合国教科文组织会议上提出"终身教育"的倡议）曾说："教育应该是每个人从生到死的继续过程，学校教育应该为终身教育担任重要角色。"[2]终身体育是终身教育的重要组成部分。"终身体育是培养人体健美形态和精神气质最直接的手段之一；终身体育是培养人健康体能、坚强毅力和拼搏精神的最有效手段；终身体育对于培养人的合作精神和团队意识具有特殊作用"[3]。

武术文化教育应从学生终身需要角度，形成武术文化教育体系的教学模式和整体结构。落实终身武术教育目标的具体要求如下几方面：（1）培养学生武术运动意识；（2）形成武术健身的价值观；（3）掌握科学武术健身的方法。武术内容丰富，具有适应于不同性别、不同年龄阶段、不同体质锻炼的套路，是培养学生终身体育的最好项目。

2.武术文化课程内容的具体实施

武术文化课程内容应体现科学性与可接受性、健身性与文化性、民族性与世界性相结合的原则。重视武术运动的健康价值和人文价值，重视培养学生的学习兴趣和体育能力。利用武术文化理论课和武术技术课来体现武术文化对高校学生的教育作用。

---

[1] 王涛，王朝军.我国普通高校武术文化教育体系的构建［J］.山东体育学院学报，2013（06）：110.

[2] 王涛，王朝军.我国普通高校武术文化教育体系的构建［J］.山东体育学院学报，2013（06）：111.

[3] 王涛，王朝军.我国普通高校武术文化教育体系的构建［J］.山东体育学院学报，2013（06）：111.

（1）在理论课上，通过讲解武术文化理论知识，培养学生的武德修养和武术礼仪。武德修养主要是指在道德、政治与记忆等方面所进行的勤奋学习和锻炼的功夫，以及经过长期努力达到的一种能力和思想品质。同时又是指人们按照一定的武德要求进行自我教育、自我锻炼、自我改造的过程，以及经过长期努力而在道德上达到某种水平的境界。武德教育能弘扬民族传统文化、激发民族精神，能促进社会进步、推动精神文明建设，培养出德才兼备的一代新型人才。在武术教学中武德和武术礼仪教育是不可或缺的重要组成部分，应贯穿于武术文化教育的始终。武德和武术礼仪的教育不仅在课堂中，还应拓展到学生的日常学习、生活、家庭、社会中，培养学生养成勇敢顽强、积极向上、尊师重道的道德品质。通过对武德的教育可以开发人的体力、智力以及精神的潜能，增强人的勇气、信心以及正义感，磨练人的意志，振奋人的精神，陶冶人的情操。在武术文化教育过程中，应避免把武术"空话""玄秘化""神学化"，尽量通俗化、具体化。通过讲解中国武术历史和优秀人物、仁人志士、侠义人物以及民族英雄，使学生了解中华民族武术文化的形成和优良的尚武传统。

（2）在武术技术课教学中，教学内容以独具特色的传统套路为主，简化规则，简化技术，淡化竞技成分，降低难度要求，武术文化的教育贯穿其中。武术拥有博大精深的理论和内含深刻哲理的拳法，拥有辩证的中国古典哲学思想以及丰富多彩的拳种技术。传统武术具有丰富的技击内涵、独特的审美意境以及突出的健身特点，是国人数千年的思想和实践结晶。中国是个多民族国家，由于各民族生活条件的差异，其形成的生活方式也不同。不同地区（平原、高原、山区、沿海等）的居民由于自然条件、物产等差异，生活方式也迥然不同。不同民族不同地区的人们创造出的武术拳种也风格迥异。任何一个拳种都是我们先人经过长期的生活实践和经验的积累创造出来的，并且经过了历史的检验，都具有独特魅力，与当地的区域文化、自然地理条件、风俗习惯等紧密相连。"传统拳种是民族先人创造的历史实录，是民族历史大树上的文化年轮，他们是民族凝聚力、团结力和认同感，是民族性格和民族精神的体现，是民族价值观和审美理想的反映，是民族情感的载体"[1]。通过学习代表性的拳种，可以促进学生对文化的了解，促进武术的继承和发扬。武术文化教育应保留作为民族文化所特有的肢体动作文化特色和精神底蕴，对学生就会具有一种说服力、感召力和渗透力。在技术课教学的过程中，武术文化的教育应贯穿始终，对学生进行拳种创始人、英雄事迹、代表人物、拳理及礼仪、风格特点的讲解，提高学生的学习兴趣，促进学生对武术文化的了解，对中国传统文化的了解。利用传统武术套路，充分挖掘出适合体育教学开展的内容，可以改革体育教学现状，拓展教学内容的深度和广度，满足不同学生的需要，全面增进学生身心健康，促进学生综合素质的提高。

（三）探索武术文化教育方法

1.武术文化教学法

教师在武术课上，不仅教授武术套路的具体内容，更重要的是弘扬武术所蕴含的文化和精神，也就涉及到武术文化教学法的运用[2]。武术文化教学法中的具体内容包括礼仪为先、深化理解、耳濡目染三大板块。礼仪为先，最突出的表现就是在上武术课前，师生要互行抱拳礼，抱拳礼不仅是师生间互相尊重的体现，也使学生明白习武人应该具备这种品质。深化理解是学生通过习练武术动作，不仅是学习动作的具体招式，还要通过招式的反复练习体悟招式中的武术精神，进而提升自身文化素养。耳濡目染指的是学生通过教师的反复引导，不断磨练意志，完善自身人格的过程。

---

[1] 王涛，王朝军.我国普通高校武术文化教育体系的构建 [J].山东体育学院学报，2013（06）：111.

[2] 曾云贵，周小青，王安利，等.健身气功、八段锦对中老年人身体形态和生理机能影响的研究 [J].北京体育大学学报，2005（9）：1207.

加强文化教育，有以下重要作用：

（1）加强武术文化的教育，有助于弘扬中国传统文化。中国武术产生、发展于中国，流传几千年沿袭至今而从未被历史所淘汰，不仅仅是因为它形式多样，内容丰富，具有增强和改善体质，提高防身自卫的能力，培养道德情操，磨练意志，娱乐观赏，丰富文化生活等多方面的作用，更重要的是因为它植根于中国优秀民族文化的沃土中，包含了中国传统文化的各种要素，在中国刚健有为的民族文化精神的滋养和优秀传统文化的长期熏陶下具有丰富的民族文化特色和广博的内涵。在武术教学中重视武术文化的教育，把武术文化教育贯穿于整个武术教学始终，是武术教学不可或缺的过程。因此在武术教学中加强武术文化的教育，一方面有助于学生在学习武术技艺的同时领悟中国优秀的传统文化，增强学生对民族优秀传统文化的认同和民族凝聚力和自信心。另一方面可以培养学生思想道德品质和提高学生文化修养，让学生通过学习武术文化不仅具有外形的美，更具有内在美。

（2）加强文化教育，有助于促进学生的全面发展。在武术教学中通过加强武术文化的教育可以使学生明白，学习武术不仅仅可以提高防身自卫的能力以及增强体质，更是学习武术文化中所包含的"德为艺先""武以德立"等一系列优秀中国传统文化的过程，因为武术文化是中国优秀传统文化沉积的反应。通过武术教学中学习其中所蕴含的深厚的传统优秀文化底蕴，使其融入特殊的文化氛围，了解中华武术尚武崇德等一系列优秀的文化精髓，提高学生对于中国武术的理解与认同，给他们以潜移默化的武术文化熏陶，从中发现自己的价值，增强当代学生的自信心、自尊心和民族自豪感。通过加强武术文化教育不仅有助于他们树立正确的人生观、世界观、价值观以及宽厚谦让、乐于助人的优秀道德品质和思想作风，更有助于促进学生身心健康的全面发展。

在实践教学中，大多数教师往往只重视对具体动作招式的教学，关于武术文化教学法缺乏关注。这种缺乏有可能导致学生武术文化意识的淡薄，不利于武术教学的深化。

2.武术攻防教学法

武术攻防教学方法主要包括拆招、喂招、说招三种，这三种方法都属于武术传统教学方法[1]。

拆招与明招是相辅相成的一种方法，指的是教师对整个套路先完整地教授，在学生对整套动作基本掌握之后，再将整套动作拆分进行讲解，使学生清晰地了解动作的攻防含义。

喂招是指教师通过进攻诱导，使学生产生反击意识，以便在实际攻防反击中能够较好地运用这一方法，还能使学生较为深入地理解武术动作的攻防含义，有利于学生提高攻防意识，更好地运用攻防动作。

说招是教师通过语言诱导，学生按照教师语言诱导的内容做出相应的动作，说招能使学生更好地理解武术动作的内容，深入地理解和判断攻防的具体细节。

（四）运用多种方式进行武术文化教育

武术文化需要一定的传播媒介作为载体。随着信息化时代的来临，武术文化知识的教育以及传播可以突破传统的以课堂教学为主的武术文化教育模式，放在课堂内外、校园内外等大的教育环境中去，如利用媒体手段进行宣传，如校园广播、校园网络等，也可以通过利用学生自发组建的武术俱乐部或者武术社团等学生武术组织，定期开展一些内容丰富、形式多样的校内外的武术文化交流活动，如举办普及武术文化知识讲座、让武术专业运动员进

---

[1] 周荔裳.四种健身气功的创编及其健身效果的研究［C］.中国反邪教协会第十一次报告会暨学术讨论会论文集，2006：42.

行武术表演、举办武术文化理论知识问答竞赛等活动，让没有接触过武术的同学了解、认识到武术不仅仅是一项防身健体的运动，更是一门提升精神素养、修身养性的文化盛宴。同时，让武术爱好者也有一个互相交流学习的平台，这样不仅丰富了学生的课余文化生活，激发学生对武术文化学习的兴趣和热情，而且将武术文化的影响范围也扩大了，使武术文化在校园中迅速发挥出"催化剂"的作用，进一步加强武术在学校教育中的地位，促进武术在学校合理、有序、快速的发展。此外，还可以利用武术文化研究中心等学校机构，以聘请校内外武术教授、专家进行武术文化专题讲座等活动的方式，向师生们介绍中国武术文化的发展以及武术运动深远的文化内涵，构建相应的武术文化教育体系，营造学习武术文化知识的良好氛围，使学生处于一种良好的武术文化的氛围中，处处受到优秀传统文化的熏陶，从而全面提高对武术的认知，推进武术文化的发展。

（五）加强武术教师队伍建设

在影响武术文化教育的诸多因素中，师资力量和水平是最为重要的，也就是说，好的武术文化教育源于好的武术教师。因此，无论是现在还是未来，解决武术教师问题是发展武术文化教育的根本所在。至于其他问题都属于从属的地位。武术师资在武术文化教育的开展中具有举足轻重的地位。

加强武术教师队伍建设要从两方面入手，一方面是加强武术教师数量，另一方面是加强武术教师的综合素质，包括专业素养以及武德修养等。

1.增加武术教师数量

解决武术教师资源问题有以下几种渠道：

（1）体育院校扩大"民族传统体育系"的招生数量，这是主渠道；

（2）武术馆校培养师资，必须通过教育部门的统一考核，合格上岗，这是辅助渠道；

（3）在职体育教师"武术技能"的培训，持证上岗，这是应急措施；

（4）面向全社会招聘武术教师，凡符合条件者均在招聘范围之内，这是一种新途径。

2.提升武德修养

"习武先习德"，中国武术历来注重培养武德，武术教师必须要具备极好的武德修养，教师为人师表，时时处处都要为学生树立正确的道德形象，无论在课上还是在课下，教师的一举一动、一言一行都会潜移默化地影响学生。武德形象做得好，会提高课堂效率，提升学生对教师的尊重感。因此，教师不仅要注意自己的一言一行，还要提升武德修养，拓宽传统文化知识面，谨记圣贤关于德行培养的话语。教师具有较高的武德修养，在授课过程中遇到学生疑问时能够触类旁通，既可以集中学生注意力，又可以增加教师魅力，同时又达到教化的功效。学生的第一节武术课，首先并不是对武术基本功的教授，而是对武术精神、武术渊源、武术礼仪、武术先贤的习艺修身的经历等进行讲解，让学生了解武术的博大，进而对武术产生尊重，对武术课产生尊重。在当今知识经济时代，尤其是高新技术、信息技术日益发达的社会，在武术教学中表现出顽强、勇敢、乐观、活泼、吃苦耐劳以及强烈的事业心、责任感和奉献精神等对于一名合格的武术教师来说极其重要，会对学生的成长发挥巨大的作用。武术教师应该做到这些，既是对学生负责，也是对自己武术修行的磨练。

3.提高专业技能

武术技能的学习是体悟的过程，通过教师的示范，学生进行武术学习，因此，武术教师的技能高低对学生的学习兴趣和热情有着直接的影响。武术教师应不断提升自己的武术技能，目前比较广泛的一个现象是很年轻的武术教师在结束武术学业后，就很少或终止练习专业技术，只是在授课时才示范。尽管武术教师在求学时练就了比较扎实的功底，但是，任何技艺都是用进废退，武术也是如此。过去的武术先贤都是活到老，练到老，武术教师也应该继承和发扬这一传统，既是为学生做出表率，也是为自己武技的提高。这样才能在教学示范中保持武术动作的节奏分明、准确到位，展示出饱满的精气神，从而对学生产生积极的影响，提高学生对武术学习的热情和积极性，提高学生掌握动作的质量。此外，武术教师还应该全面系统的掌握本专业的知识，不仅对教材要吃透，还应广泛涉猎，深入研究，真正理解所学，才能在教学中游刃有余。

4.提高人文素养

高校教育除了要注重对专业技术的传授，还需要注重人文素养的传授。"师者，传道，授业，解惑也"，教师在教学中"传道"是排在首位的，可以说"传道"就是对学生人文素养的培养。武术是东方文化的产物，是中国传统文化的缩影，反映着中华民族的人文精神和区域特色[1]。它不仅有防身自卫、强身健体的价值，也是中国传统文化的重要组成部分，对于促进民族间的文化交流，提升民族认同感有着重要意义，更是中华民族刚健有为、自强不息、贵和尚中的民族精神的写照。

武术教师的人文素养既表现为武术课教师对自身生存和发展的人文价值追寻，也表现为武术课教师对学生的人文关怀，还表现为武术课教师对人、学习以及社会的文化价值的探求。在现实的武术文化教育教学实践中，许多武术教师对武术知识和技能的传授只局限在武术视野范围，缺乏对武术专业知识之外的社会现象的价值判断和理性解答。武术课堂若缺少人文情感的师生交流，课堂就容易乏味和呆板，无法引导学生联系实际和发散思维，武术的学习也就只是对武术动作的记忆，通过武术文化教育来对学生进行生活启迪的教化功能就会丧失。

---

[1] 马云慧.中国传统式术的人文精神［J］.搏击·式术科学，2006（07）：7-8.

第六章　拓宽中国武术文化传播途径

第一节　中国武术文化传播的基础

一、中国武术文化传播的相关知识

（一）武术文化传播的含义

在古汉语中，"传"与"播"是两个概念。"传"有传授的意思，"传不习乎"[1]指的是某种知识、经验、精神的宣扬、传授等。"播"含有撒、散布、分散、分布、流荡、迁徙等意思。所以不论是"传"还是"播"，其汉语中的意思都侧重于表示主体向外的一种行为，表示主体对客体的一种影响。而在英语中的communication原意是通讯、传达、沟通、交流、交通、交往、传染、交换意见等，含义十分广泛。

武术传播可分为下面三个层面的传播：

（1）物质层面的传播。包括武术各拳种套路、养生功法、对抗技术、场地器材基础设施、武术器械服装等，这种传播属于武术的表层传播，是武术传播最活跃的层面，也是武术赖以传播交流的外在标志和物质基础。

（2）制度层面的传播。包括武术主管部门或其他武术社团制定的各种武

---

[1]《论语·学而》。

术制度、法规以及相关管理规则，具有强制性和指导性的特点，属于中层传播。

（3）价值观念层面的传播。由于中国古典哲学、兵学、宗教、民俗、美学、中医学和伦理学的浸润，而从武术文化中反映出来的民族性格、伦理道德、价值取向、审美观念、心理情感等。这种传播属于武术的深层传播，是最难以实现的传播。

（二）武术文化传播的模式

"传播模式"是指通过科学的抽象，在理论上把握传播的基本过程、基本结构的基础上，对于传播的主要成分进行最简要地描述，形成传播过程的主要环节及这些环节、成分和有关变量之间主要关系的图式。"武术文化传播模式"指武术文化传播的主要成分、武术文化传播过程的主要环节及其有关变量之间相互关系的图式（图6-1）。

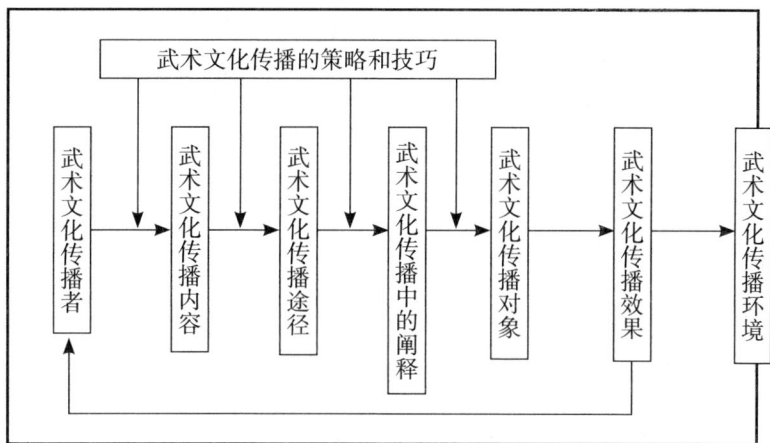

图6-1　武术文化的传播模式

建立武术文化传播模式，能够更加系统和深化地认识武术文化传播各个要素及其关系，使原本比较模糊的武术文化传播现象变得清晰起来。

武术文化传播模式还较为明确地界定了武术文化传播研究的领域，即从基本要素入手进行分别或全面地研究。如武术进入奥运会的设项问题就属于武术文化传播的内容；它还为武术文化传播学科的形成提供了基础框架，为武术主管部门的决策提供了依据。

二、武术文化传播的基础

（一）人类的健康需要

所谓需要，是指"人体内部的一种不平衡状态，是被人们感受到的一定生活和发展条件的必要性"[1]。需要，是包括人在内的一切生物有机体所共有的一种特性，生物有机体为了维持自身的生存与发展，与外界进行能量、物质、信息交换，而产生的一种摄取状态。

人类生活和发展条件具有复杂性等特征，因而人们对于需要的种类也是多种多样的。美国心理学家马斯洛（Maslow）通过对人物传记的研究以及对人物的观察，把人类行为的动力从理论上加以系统整理分析，提出了马斯洛需要层次理论。马斯洛把人的需要分为两个层次，第一层次为基本需要，包括生理需要、安全需要、归属与爱的需要、尊重需要，第二层次为成长需要，主要包括认知需要、美的需要、自我实现的需要。各种需要按照层次的高低先后依次排列。

现代社会最重要的需要就是健康需要。相比其他需要，健康需要具有诸多截然不同于福利需要、教育需要的特点，具有以下特征：

（1）永恒性。指健康需要是个人生命周期和生命历程中永恒不变的最基本需要，健康需要是不分阶段的，每个生命周期都至关重要。

（2）普及性。指不论个体的身份地位和性别、年龄、文化、肤色如何，健康是所有人的基本需要。

---

[1] 黄希庭.心理学导论［M］.北京：人民教育出版社，1997：180.

（3）多维性。按照国际惯例和现代健康观的要求，健康状况是否能够正常发挥，包括生理、心理卫生和社会功能等方面，进而形成了生理健康、心理健康、社会适应健康的递进层次结构。

（4）主客观结合性。指健康需要既是客观存在，又是主观的感觉，两者相互交织在一起。

（5）偶然性与突发性。偶然性是指人们是比较被动地遭受侵害，如交通事故、天灾人祸等；突发性是指疾病爆发的突然性，尽管疾病通常是人们不知不觉中感染上身的。

（6）新增性与反复性。新增性主要是指随着科学技术发展，人类逐渐征服某些疾病，极大改善人类健康状况；健康需要反复性主要是某些疾病是多次发生和多次治愈的，反反复复，始终伴随人类生活。

对于健康，人们不仅内在需求，外在同样需求，而体育运动又可以作为人们增进健康的一种良好"绿色"手段，所以，人们对于体育运动的需求成为维持健康需求的主要途径之一。

正是由于人们具有增进健康的内在需要和社会对个体赋予的外在需求，因此凡是能够增进健康的手段都有可能成为人们消费的对象，这也是保健品广告为什么能够铺天盖地的原因，这些保健品广告都在向人们传达这样的信息：服用保健品能够保持健康，至于其功效如何并不在我们讨论的范围内，暂且不予考虑。这样一来，武术就成为人们参与体育运动的"备选项"之一，有可能成为人们增进健康的手段。

（二）武术文化的认同

在社会生活中，认同非常重要，我们也是由于自我认同而存在于社会，并通过认同与他人进行交往。

对于武术文化传播来说，由于其是"土生土长"的产物，是中华民族自己的一种生活方式，在国内具有这样的外部文化背景和氛围，因而传播起来相对要容易得多，而对于文化、价值观等迥异的其他国家而言，使那些不具备中国文化根基的外国人认同中国文化、认同中国武术文化显然要付出很大的努力。

作为一种身体符号，体育文化能使不同人群对于其中的意义进行直接理解，从而达到交流的目的，所以，"体育文化能够迅速成为全球性的文化内容之一，具有自身特殊的通约性和普世价值"[1]。人们对于拥有健康的不懈追求和体育运动具有的健身价值两者达成了高度的一致，为武术文化的传播奠定了良好的外部环境和认同的可能条件。武术文化认同的现实路径如下：

（1）切实把握共有价值——健康。

（2）加强武术的建构性认同。"建构性认同"，即"根据社会实践的需要，以一种积极的、开放的、参与的态度，通过不断提升民族体育文化自觉、加强科学整合，对多样性体育文化综合创新，提升其竞争力，在动态、对话的过程中逐步建构共同的体育文化认同；同时，必须注意的是所有的体育文化都只是构建自身体育文化的参照而不是成为整体性认同对象"[1]。建构性认同是一种在开放的、动态的过程中逐步构建共同体的文化认同。

（三）科学系统的武术理论

目前武术理论的建设还不完善，这给武术文化的发展造成了理论缺失，武术科学与武术哲学的理论建设显得尤为重要。武术理论是指导武术发展、解释武术的存在与价值及人们对武术的认识等内容的理论。离开了武术理论的指导，武术文化发展就会失去方向，武术理论的先进性与科学性与否对武术发展的方向与进程有着直接影响。离开武术理论对武术的合理解释就会变得神秘、模糊，认为武术无所不能，如隔空打人、飞檐走壁、上天入地，甚

---

[1] 田恩庆.试论体育全球化浪潮下的体育文化认同［J］.贵州体育科技，2006（3）：4-7.

至能羽化成仙，等等。武术理论是还原武术真实面目，取消人们对武术误解的重要理论依据。人们对武术文化的价值认识也不到位，如有些人就认为学了武术会打人，等等，这都需要武术理论去纠正。

西方体育之所以在短时间内能够发展成为世界体育的主流，这与他们先进科学的体育理论的指导是分不开的。他们有着坚实的科学基础，遵循着人体的生长发育规律，形成了扎实的理论体系。反观中国的武术文化，沿用"口传身授"的方法，在"以家族为本位、以血缘为纽带的宗法等级关系"中流传，以传承技艺为己任，以苦修技艺为宗旨。封闭的传承系统，经验性的传承方式，为武术的传播与传承带来了局限，只局限于极少的几个传承人，甚至由于根深蒂固的门户之见而排斥互动交流，固步自封，这样就造成了武术文化难以普及的现象。甚至人们因为它太神秘，而被人们进行神化，以讹传讹，就造成了武术失真的现象。同时经验性的传承方式，使武术的理论依据仅仅停滞于经验层次水平，有所突破就会很难，理论水平低下就无法有力地对武术的发展与技术水平的提高进行指导。中国武术文化发展的封闭性和非科学性，武术文化传承的宗派性，对武术文的传播与发展形成了严重的阻碍。只有建立科学的武术文化理论体系并且以此来指导、指引武术文化的发展，才能突破武术这种局限，促进武术文化的传播与发展。

第二节　中国武术文化传播的主要途径

一、武术文化传播途径的分类

（1）按照传播对象的人数多少，可以把武术文化的传播途径分为师徒途径、媒体途径、组织途径。

媒体途径是指通过书籍、杂志、报纸、电影、电视、广播等大众媒介对武术文化进行传播。这种途径的覆盖面广、影响大，但其属于浅层传播，主要目的是扩大影响，专业性武术影视与杂志除外；师徒途径的传播人数少，但传播技术细而精；相比师徒途径，组织途径的传播面更大，属于专门性传播途径，如官方的各级武术管理中心、武术协会以及民间武术馆校等。

（2）根据官方与民间的区别，可以把武术文化传播的途径分为官方途径和民间途径。

在历史的发展过程中，通过官方途径对武术文化进行传播的作用越来越大，如"散打王"比赛，就曾在社会上形成很大的反响。民间传播途径也历久不衰。官方传播途径主要通过武术文化教育和武术竞赛。武术文化教育由国家教育部体育教学指导委员会负责。武术竞赛由国家武术主管部门负责。民间途径主要是指师徒传承、武术学校、武术协会等。

（3）按照侧重于文化还是技术传播，武术文化传播途径可以分为文化途径和技术途径。

文化传播则侧重于理论方面的传播，如武术表演、武术书籍、杂志、影视等；技术途径主要侧重于武术技术的传播，如武术教学与训练、武术培训等。

（4）还可以按照是否属于我国范围把武术文化传播途径分为国内途径和国际途径等。

（5）按照目前对武术领域的划分方法，可以把武术文化传播途径分为社会途径、竞技途径、学校途径。

二、武术文化传播的主要途径

（一）竞技传播

武术文化在国内外传播的主要途径就是竞技传播，通过体育传播的快速通道，把武术文化传播到全国以及世界各地。新中国成立以后，武术逐渐进入了竞技体育的行列，并以赛事为途径，把武术文化传播到全国和世界各地。如今，武术已成为国内外许多综合运动会的正式比赛项目。

竞技传播的核心思想是"标准化"，武术体育化的关键就是标准化。在体育方面，西方人以"标准化"的理念完善了现代奥林匹克体育，武术应该以此为鉴，通过竞技武术，使武术竞赛从定向描述转向定量评定，逐步建立全球统一的国际规范。竞技武术的标准化具有以下几方面的优势：

（1）标准化有利于武术文化的国内外推广。国内外武术或同类项目的实践表明，大规模传播与推广的基础就是标准化。在武技项目中，在全世界开展较好的项目都有统一的技术标准，如拳击、柔道、空手道、跆拳道等。竞技武术建立统一的技术标准，有利于竞赛以及国内外的推广。

（2）标准化在一定程度上能够保障武术的规范化。标准化是事物有序化、规范化的基础。体育的发展也经历了一个标准化的过程。竞技武术的标准化工作主要围绕国家体育总局的奥运争光计划来进行。通过对武术进行标准化规范，为武术进入奥运会服务。武术的竞赛去掉了标准化就难以开展，就难以进入体育传播的快速通道，也就难以进行行业的规范管理。

（3）从具体工作上讲，武术技术、武术服装、武术场地、武术器械、武术考评、武术裁判、武术管理等都需要标准化。竞技武术繁多的技术规定主要以奥林匹克项目为参考。但是，竞技武术过度强调标准化会对传统武术文化有破坏。例如，竞技武术的技术按照体操动作进行了舒展和定势的改良，会在有些方面与武术的运动原理不同，因此，在竞技武术改革的过程中需要对传统武术的内核进行保留。

（二）商业传播

"商业"是指以买卖方式使商品流通的过程。"商业"不同于"经济"，"经济"是指社会物质生产和再生产的活动。"商业"也不同于"产业"。"产业"一是指房屋、工厂、土地等财产；二是指"关于工业生产的"（用于定语），如产业革命、产业部门等。因此，"武术商业"较之"武术经济""武术产业"更切合实际。"武术文化商业传播"的主要形式就是赛事。

武术项目中，格斗类项目的商业赛事较多，如"武林风""散打王""功夫王""武林大会""武术职业联赛"，等等。武术商业赛事主要有官方主办、电视台主办以及两者的结合三种类型。他们的共同特点是以武术格斗项目为传播内容，通过电视、网络媒体进行传播。武术文化商业传播的理想目标是达到经济效益和社会效益的有机结合。

"武林风"由河南卫视于 2004 年元月火力推出，是中国电视界武术搏击类具有国际影响力的顶级栏目。全方位、新模式、多角度地展现中国武术文化的博大精深。缤纷云集的武术套路、深厚浓郁的文化底蕴、酣畅淋漓的搏击场面、名星大腕的现场助阵，使得"武林风"迅速成为众多武术爱好者追逐的热点、各类栏目中关注的焦点，现如今已经成长为中华武术搏击类栏目中无可匹敌的第一品牌。"武林风"多次成功举办国内、国际重要武术搏击赛事，进一步放大了栏目的优势。包括越南国家队、美国职业格斗高手、泰国拳王在内的国际搏击高手纷纷登上"武林风"擂台，受到了国内外搏击界的广泛赞誉。

"散打王"赛事是由国家体育总局武术运动管理中心与北京国武公司联合打造的武术商业赛事。从规模和影响上看，该赛事是目前武术文化商业传播成功的范例之一。"散打王"赛事的理念是把"中国传统文化、现代竞技体育规则、商业化的运作手段、现代舞台包装"等元素融合起来。它借鉴了国外相关搏击类项目赛事的经验，在比赛中加入了娱乐化的概念，强调音响、灯光、舞美等元素，将武术散打竞技的视听欣赏与惊险刺激融合起来，增强了比赛的娱乐性和观赏性。

今后武术文化大众传播的主要途径之一就是商业传播。但一定要避免娱乐至上，以免最终葬送武术文化发展的前程。美国文化传播学家波兹曼在其《娱乐至死》一书中，担心在欲望的放任中文化成为庸俗的垃圾，认为等待人们的可能是一个娱乐至死的世界，在那里人们感到痛苦的不是它们用笑声代替了思考，而是他们不知道为什么笑以及为什么不再思考[1]。

因此，武术文化传播不能盲目追求经济效益，更不要为了提升人气、迎合受众，只追求炒作的渲染、感官的刺激。促进武术商业化不能依靠"暴力"和"血腥"，要有文化价值底线，否则商业武术在获得短期经济效益的同时，可能在新生代中将武术文化的魅力破坏了。所以商业武术的传播也要在获得既定的经济效益时，不能舍弃武术的文化精神、艺术品味和审美价值。

可以肯定，武术走进电视、走向大众，是武术文化传播的进步。但是武术文化传播者要自觉充当武术文化的守护神，保护武术文化的精神底线。因此，在武术商业传播中，一定要注意武术的社会效益和文化效益，注意传播武术文化整体以及其中融入的中国传统文化，把武术文化中优秀的内容传播给大众。

（三）文献传播

1.武术书籍

武术文化传播的另一个重要途径就是武术书籍。古代的武术理论之所以能够流传至今，最大的贡献就是武术书籍。现代人可以从书中研究古代武术经验理论，使其促进武术发展。《纪效新书》《手臂录》《武备志》《太极拳谱》《耕余剩技》《拳经拳法备要》等在现代武术文化研究中仍然发挥着重要的作用。

武术书籍是各家拳派关于武术技术动作、功法以及心得体会的见证，是

---

[1]　王琪森."泛媒乐化"倾向不足取［N］.文汇报，2006-5-26（5）.

各门派数代人积累的武术精华，对武术的传播、发展和继承有极其重要的作用。几乎每一家武术流派都有自己的秘籍、拳经。例如，《太极拳正宗论五字妙诀》《陈式太极拳经总歌》《拳经总论》等。

现代社会出版的武术书籍很多，但多为技术解释性书籍，理论性不足，缺乏经典性论著。当然，也出版了很多对武术文化传播起到重要作用的书，如全国体育学院教材委员会审定的《武术》教材，就属于现代武术书籍中的重要著述。

2.武术杂志

武术杂志又称"武术期刊"，它有几个构成要素：（1）刊名（或具有同一标题）；（2）每年至少出一期，用卷、期或年、月顺序编号，或注明出版日期；（3）连续出版；（4）众多作者的作品汇编成册。

武术杂志大致分为三类：（1）纯粹型武术杂志，如《武林》《精武》《武魂》《武当》《中华武术》《少林与太极》等；（2）混合型杂志，如《搏击》《拳击与格斗》《体育文化导刊》（原《体育文史》）等；（3）体育学术期刊，其中有关于武术的学术论文，如《北京体育大学学报》《上海体育学院学报》《成都体育学院学报》《武汉体育学院学报》等。

武术杂志对传播武术有重要的作用：

（1）从武术文化传播来看，武术杂志发挥着重要作用，如介绍武术技能、传播武术知识、促进武术信息的交流、提供休闲娱乐等。

（2）从武术文化的积累来说，它是武术发展的记录者，是武术文献资料的载体。武术在历史的发展进程中，每个时期都会产生新的理论，需要记录下来并流传后世。这种武术文化的积累作用尽管书籍也可以有，但时效性不能得到保障。报纸也只能简单报道，保存性差。而杂志兼有两者的优点。

武术文献是武术传播的宝贵资源，在学术研究、学校教育、社会传播方面意义重大。历史证明，武术文献应以"留得住、传下去"为定位，并成为武术文献传播的标杆，如王宗岳的"太极拳论"、戚继光《纪效新书》的"拳经捷要篇"等名篇。在当代武术文献中，图片和技术文献较多，而关于学术方面的深入研究较少，即"术"的多，"学"的少，能够"留得住、传下去"的文献则更少。

（四）网络游戏

现如今人们获取各种信息、了解世界的主要平台就是网络。随着网络受众的爆炸式增长，许多商家便开始将网络作为营利的手段，功夫类游戏、功夫类电影悄然来袭。经济的繁荣、科技的发展催生了新一代的信息传播手段，武术文化的发展与传播再也不是依靠古人的打擂台、街头卖艺、设武馆的形式，而是以更为有力高效的方式——功夫网游来进行传播。

目前，互联网游戏产业已经成长为一个具有巨大市场潜力的行业。据中国音数协游戏工委（GPC）、伽马数据（CNG中新游戏研究）、国际数据公司（IDC）联合发布的《2016年1—6月中国游戏产业报告》报告显示，截至2016年上半年，中国游戏市场实际销售收入达到787.5亿元人民币，同比增长30.1%[1]。网络游戏作为一个新兴产业，已经成为我国与音乐、影视等并驾齐驱的娱乐产业之一，发展速度和规模都让其他行业为之侧目。此外，海外市场也保持快速增长，出口企业持续增加，出口题材日益多元，中国游戏已经出口到100多个国家和地区，中国网络游戏成为最成功的走出去文化[2]。1990年大宇发行《轩辕剑》、1990年智冠发行《神州八剑》、1991年精讯发行《侠客英雄传》，这三款以武术功夫为主要元素的RPG游戏是最早的国产游戏，掀起了功夫开发的浪潮。据业内人士统计，在

---

［1］　http://www.sfw.cn/xinwen/487453.html?t=1469673714519.

［2］　郭玉成.中国武术传播论［M］.上海：复旦大学出版社，2008：56.

运营的 300 余款网络游戏中，以武术作为游戏背景的就占据了半壁江山，此种社会大背景下，必然推进网络游戏产业与武术的融合。尽管，早期功夫网游的发展也存在局限性，可它紧紧抓住时代的脉搏，始终依附于民族文化这一载体并不断创新。

越是民族的，越是世界的，对于武术来说亦是如此。武术作为中华民族独有的文化典藏，只有"走出去"被更多的人认识、了解和接受，才会走得更远、发展得更好。传播是文化存在与发展的永恒主题，不同时代背景文化形式也不同。麦克卢汉指出："每一种文化、每一个时代都有它喜欢的感知模式和认知模式。"[1]远古时期将各种信息刻于石头和兽皮等自然物上作为记载、传播文化的主要方式，印刷术的发明使人们走进了"纸文明"时代，纸张承担起了文化传播的使命，直至现如今网络时代带来了"触网而生"的网络文化，网络则成为引领大众文化的媒介。尽管功夫电影、功夫动漫对武术文化的传播做出了巨大的贡献，诸如《少林寺》《功夫熊猫》等，但是传者与受众间还只是单向的输出与输入，而功夫网络游戏传播武术文化的过程是双向互动的，这种互动性"体现为传者与受众之间的传播过程不再是被动单向的点对而传播面成为，一种双向去中心化的交流"[2]。从传播视角看，功夫网络游戏承担着沉重的民族任务——展现中华民族在历史积淀中保存下来的文化魅力，传承武术信念与精神，传播武技。

有数据显示，功夫网游的玩家中，15～30岁的玩家就占了69%[3]。少年强则国强，民族未来的希望就是年轻人。对于求知欲极强的他们而言，功夫网游无疑是最好的武术文化传播途径。青少年时期正是价值观、人生观和世界观形成的重要阶段，他们透过功夫网游这一窗口可以了解武术文化、感悟

［1］ 马歇尔·麦克卢汉.理解媒介：论人的延伸［M］.北京：商务印书馆，2000：86.

［2］ 苏岩.网络传播学视角下的微电影生存状况研究［D］.南京邮电大学，2012.

［3］ 姜凯，杜银玲.功夫网络游戏的武术文化表达与传播［J］.搏击（武术科学），2014（09）：34.

武术文化，这可能对于未来武术的发展起到极大的推进作用。玩家在游戏的"功夫世界"中身着威武的武术服装及头饰，手持古老的作战兵器行走于市井江湖中，他们一路切磋武艺、拜名师、救疾苦、杀贼寇、路见不平拔刀相助。此外，玩家在玩网络游戏的时候不仅是在与游戏本身进行互动，更多的是在同其他玩家进行交流、互动[1]。来自不同地域、不同种族、不同信仰的他们在交流互动中能够真切的感受到武术文化的方方面面，对于服装、器械、动作技能、武德有了初步的了解和认知。因此，网络使不同文化背景的人们可以在虚拟空间中完成不同文化的冲突和融合，并且在冲突和融合中实现武术文化传播。

功夫网游向玩家呈现的不仅是美丽的服装、炫目的击打动作，更主要的是精神文化内核，人际互动间传达的不仅是一种信息，更是一种思维与情感。如《功夫英雄》游戏中，玩家可以扮演不同角色参与到杀敌救国的阵营中来，他们挥刀阔斧，奋战杀场，发泄心中对侵略者的愤怒与仇恨，加之振奋人心的配乐与"真实的"画面，人机间的互动过程即是武术文化中民族精神文化的传播过程。

（五）武侠电影

"所谓武侠电影即有武有侠的电影，亦即以中国的武术功夫及其独有的打斗形式，及体现中国独有的侠义精神的侠客形象，所构成的类型基础的电影。不论是侠义、功夫、武术、武打，统统称为武侠电影或武侠片。"[2]

电影是一种艺术的表现，武侠电影中的武术自然也是一种艺术表现。武侠电影中的武术表现形式主要有武打和演练。

---

[1] 杨健，郭建中.试论中国的网络游戏产业［J］.上海大学学报（社会科学版），2004（01）：85-90.

[2] 陈墨.刀光剑影蒙太奇——中国武侠电影论［M］.北京：中国电影出版社，1996：10.

武打，是指在影片中两人或多人运用各种武术技法进行的攻防格斗。如《精武英雄》中，陈真在虹口道场与几十个空手道学员的打斗场面，动作简洁实用，毫无花巧；电影《七剑》中的武术对打，有攻有防，多是真实武术动作的展现；《卧虎藏龙》中玉蛟龙与李慕白在竹林打斗那场戏，影片运用了特技技术，虚化了武术的技术，将武术神化，增加了武术的观赏效果。

演练，是指在影片中个人、多人或集体练习武术的各种拳法和器械技术。如《少林寺》里的僧人个人或集体练习棍术和少林拳等；李小龙在电影《精武门》《猛龙过江》《唐山大兄》等电影中充分展现了截拳道的技法，表现了李小龙式的个人武术风格，彰显了中华武术文化的魅力。

武术包括武术套路和武术散打两部分。武术套路动静结合、刚柔相济、快慢相随，是武术的根基所在，反映了中国古老文化思想。电影中的武术一般都被艺术化，都是经过了一些特技处理。电影中的武术套路能够反映剧情的发展，体现人物的个性和人物在不同场合的心理变化等。武术的最终目的是为了应用。武术的本质是进行散打格斗，提高实战技击能力。武侠电影中，解决影片故事中正义与邪恶之间矛盾的手段就是武术对打，正义战胜邪恶是中国伦理道德思想的体现，也是人们的期望。为了展现电影场面对观众视觉的冲击，一般武侠电影都会对武打场面进行夸大，并上升至暴力。在现实生活中，人们无论是否会武术，厮打对搏的场面都是有血腥味的。从人类发展史来看，暴力本身就是人类欲望真实一面的存在。实际上，夸大的对打场面迎合了观众追求刺激的心理，观看武侠电影有助于人们宣泄不良情绪。

武侠电影中的"侠"也是其核心要素之一。"侠"与"义""勇""信""武"等具有密切的关系。《史记·游侠列传》中曰："今游侠，其行虽不轨于正义，然其言必信，其行必果，已诺必诚，不爱其躯，赴士之厄困。既已存亡死生矣，而不矜其能，羞伐其德，盖亦有足多者焉。"《韩非子·五蠹》中曰："儒以文乱法，侠以武犯禁。"金庸先生说："能够不顾自身利益而去主持正义，挺身而出的重视是非的行为就称之为侠；武侠就是用武力做侠的行为。"[1]

作为"正义"的化身的"侠"，需要通过"武"来实现。武侠电影的典范之作——黄飞鸿电影，即是着力突出侠义精神。可以说，黄飞鸿电影是"武'与"侠"的完美合璧。从"武"的角度看，黄飞鸿的影片中都是真套路、真功夫，因而能让观众大开眼界；从"侠"的角度看，黄飞鸿是一个真正的大侠，集中华民族的所有美德于一身，"富贵不能淫，贫残不能移，威武不能屈"，发扬了传统武术文化与武德，因而影响巨大。

李小龙电影以"功夫"著称，然而，其"侠义"的体现也是重要的成功之道。以《精武门》为例，正是 20 世纪 70 年代香港及海外华人社会的民族情绪和心理与影片的爱国主题产生了强烈的共振，从而产生了巨大的影响。因此，"中国的武侠电影讲述的并不是单纯的江湖道义，特别是许多内地的武侠电影，着意书写的都是在民族危亡的历史时刻，豪侠义士表现出的一种至死不渝的爱国精神"[2]。

除了"武"与"侠"，武侠电影中的美也是吸引观众的重要因素之一。武术与人的完美结合所展现出来的意境美、节奏美、姿势美、体态美、造型美，是武侠电影需要通过武术所外在表现的。武术讲究人与自然环境、拳术以及器械动作的相互融合，是中国传统"天人合一"哲学思想的体现。人类历史长河中，人与人有不断的争斗，人也需要与自然搏斗，暴力一直存在于人类中间，武术也是人类实施暴力的手段之一。在电影中，为了表达某种美的感觉以及营造某种场景效果，导演刻意设计武术技击格斗场面，甚至是杀戮或者是其他一些暴力场面，从一种不同寻常的角度展示了另一面的武术美。暴力美学主要指电影中对暴力的形式主义趣味，就是把暴力或血腥的东西变成

---

[1]　金庸.武侠与人生——在中山大学就聘名誉教授大会上的学术报告及答读者问 [J].山西大学学报，2004（1）：3.

[2]　贾磊磊.中国武侠电形史 [M].北京：文化艺术出版社，2005：151.

纯粹的形式快感[1]。暴力美学不激发观众的主动性，只是一种电影创作技巧，一种手法而已，它的目的是消解暴力，并不是渲染暴力[2]。因此，武术中的暴力是武侠电影所必然表现的，无论是从观赏效果，还是从暴力美学的本质来说，暴力美学都是武侠电影吸引观众的一个重要方面。

（六）武侠小说

在中国文学中，武侠文学是一道独特的风景线，而武侠文学的主体内容和最高形式的代表则是武侠小说。

中国的武侠小说是以武术为题材的小说。有"侠勇小说""奇侠小说""义侠小说""侠情小说""任侠小说"等名称，是最具民族特色的小说样式，这不仅是因为在武侠小说中保留了许多传统的文化形态，诸如礼仪、民风、民俗、禁忌、思想观念等等，还因为它能将精妙绝伦的中国武术与跌宕起伏的故事情节进行巧妙的结合。

早在司马迁的《史记》中就有《游侠列传》。唐宋以来武侠小说就已成为古代小说中的一个重要类型，到清代后期和民国时期出现了大量的武侠小说。作为新的小说类型，武侠小说开始流行于20世纪30年代，在70年代末80年代初形成了"武侠小说热"，至今已有近三四十个年头。在武侠小说风靡的时代，武侠文化完全走进了大众的生活中，时至今日，其发展也是方兴未艾。

可以说，是武术的历史悠久、博大精深等特点成就了武侠小说的辉煌，同时，武侠小说又对武术文化的传播起到了催化作用，是武术文化传播的重要途径之一。

首先，从传播的手段和方式看，武侠小说通过汇聚武术文化的精髓对武

---

[1] 郝建.硬作狂欢［M］.上海：上海三联书店，2004：321.

[2] 赵洪义.当代武侠电影暴力美学的渊源与特征［J］.太原师范学院学报（社会科学版），2008，7（02）：88.

术文化进行传播。武侠小说的创新之处在于汇聚武术文化的精髓，创造了新的历史价值，体现了新时代小说对民族传统武术文化的主动包容。在武侠小说中坚守住民族文化的精华以及民族精神的品格，抓住人性最深处的内容，用武术文化和正义语言，去赢得不同国家、地区、民族、宗教读者的普遍认同的时候，武术文化也就能真正走向全世界。尽管武侠小说中正义的艺术形象所展现的侠义情怀，并不是民族精神以及民族形象的全部内容，但从某种角度来说，也完全可以作为其代表之一。

其次，从传播的载体和媒介看，文学作品的传播地域以及影响的时间则更为广泛。相比传统舞台和以武术为内容的电影、电视等传播媒体，武侠小说有着更大的受众容量。武侠小说传播的时空自由性，为受众接收武术文化提供了更大便利，好的作品可以反复欣赏，文字通过翻译对外传播的无国界属性将武术文化迅速地"推"向世界。相对其他媒介，武侠小说也在人们生活中地位较高，看文学作品可以让人们休闲、放松并同时获取所需信息，通过阅读优秀的作品可以获得审美享受，塑造正确的价值观念和处世态度。总的来说，文学作品在现代人的生活中仍然占有很重要的位置，因此会对武术文化传播产生影响。

最后，从传播者和受众角度看，在武术文化传播发展过程中，优秀武侠小说传播者发挥着积极作用。这里的优秀武侠小说传播者主要指武侠小说作者和出版商，其中武侠小说作者通过作品对武术文化的独特魅力进行完美的演绎，不仅促进发展了通俗文学，而且对武术文化传播也做出了杰出贡献。以金庸为例，金庸作为著名武侠小说作家，是将武侠小说推向巅峰的传播者。他的作品有着巨大的影响力，他通过武侠小说将文化内涵和武术境界传播给大众，让人们在一定程度上认识并了解了优秀的武术运动和民族文化，他所写的"笑书神侠倚碧鸳"以及"飞雪连天射白鹿"等武侠小说从始至终，无不折射着传统文化的印记，从而体现出中华民族的侠义精神和厚德载物、自强不息的民族精神。除了武侠小说作者，出版商亦是非常重要，他们对武术文化、民族精神等也需要有较高层次的领悟，以确保做到"取其精华，弃其糟粕"，淘汰掉不好的小说，选择好的小说，从而使人们通过阅读精挑细选出的武侠小说，了解和认识武术文化丰富多彩的内容，也更能从中领略到博大精深的武术真谛和民族传统文化，从而促进武术文化传播。

武侠小说在很大程度上提升了武术的知名度，对武术的国际化传播也起到了一定的促进作用。但是，小说这种文学作品只是武术的一种艺术化表现形式，在很大程度上与现实中的武术并不能等同。从某种程度上来说，武侠小说既能推动武术文化的发展，同时也会受到武术文化发展的制约，此外，也会对武术文化的发展产生一些消极影响。若在宣扬武侠小说和影视武术作品的过程中对于武术自身的发展特点及演变规律不予以尊重，则有可能会影响和制约武术的国际化发展。

第三节　中国武术文化传播的策略

一、中国武术文化传播过程中出现的矛盾与冲突

（一）个性化与规范化的矛盾

所谓武术的个性化是指其在发展过程中坚持以民族特质的继承为主要特征的模式。众所周知，由于不同地区、不同民族居住环境、生产方式、经济发展状况、社会的政治不同，因而与此相对应的原创体育形式也不同，便具有很大的独特性和差异性。中国是一个多民族国家，武术文化各具特色、形式多样。少数民族项目 600 多项，汉族体育项目 300 多项。正是这些反映不

同民情、民俗的独特体育活动形式，才使得世界体育文化色彩斑斓，各具魅力。各民族的体育如果丧失了其独特的特征，丧失了个性，也便没有了存在的意义和价值，因此武术的传播必须首先要保持其个性。

但是，从农业社会到工业社会，再到现代的信息社会。人们的价值观念何生活方式发生了较大的变化，封闭已成为过去，社会成为一个开放交流的环境，世界文化的快速碰撞、交流也成为新的时代特征。一种文化要完成其传播功能，必须具有可识别性、可沟通性以及可利用性，必须具有某些共性。就中国的武术文化而言，尽管其身心愉悦、文化价值以及群体整合等功能令世人瞩目，但很多的民间武术项目并没有完善的体育竞赛规则，不便于量化统计和判别胜负名次。因而严重影响了中国体育文化统计和胜负名次的判别，进而影响着中国武术文化的向外传播。当代武术研究的大多数学者主张，应进一步完善武术的竞赛规则，使其更加科学化和规范化。

（二）精英化与大众化的矛盾

当今世界体育的发展，其社会意义和政治功能越来越重要，已远远超出了它产生时的本质功能，即娱乐、健身等。尽管国际奥林匹克运动会已充分认识到并尽力摆脱这一倾向，尽管中国的武术具有较高的体育本质功能，但由于生物的竞争本能使然，国家之间的竞争、民族之间的竞争、群体与群体之间的竞争以及人与人之间的竞争就成为一种必然。自近代开始，西方资本主义国家在展示工业文明的同时，在文化上也向落后国家进行了野蛮的渗透和侵略。21世纪的中国在崛起的同时，武术在图强的呼声中，也在按照现代社会及文化的发展要求，在继承优秀民族文化遗产中不断革新，走向对现代西方体育文化改造和矫正的道路。培养和塑造具有中华民族特色，且能被世界所承认的精英体育，是当代中国人的共识和民族情感驱动的必然结果。

我们塑造精英体育，但不是所有民族体育都要精英化。从现有的数字表明，民族传统体育项目种类总数可达 977 种之多，其中汉族 301 项，其他少数民族 676 种[1]。如此丰富而庞杂的民族体育文化，不可能也不必都走向精英化的发展模式。一是因为武术具有较强的民族化特色，一旦离开了民族、地域的土壤便会枯竭；二是我们武术的主要职责应是民族凝聚和民族内成员的社会化。因此，武术在其发展过程中，除去一部分实现精英化的目标外，更多的项目要走向大众化的发展轨道。武术由于其特殊的健身、娱乐、趣味、符合民俗等特性，又由于它吻合民族的情感，适应于每个民族、地区的文化和地理环境，因此具有较强的民众参与度，可以在全民健身活动中更好地发挥其作用与价值。民族素质的提高与民族世界形象的树立，对于我们来说都很重要，但我们的目标只能是大众化发展基础上的精英和精英目标下的大众化。

（三）民族化与世界化的冲突

武术是各民族在其独特的自然、地理、政治、文化、经济等环境中所形成的一种文化创造，其主要特征就是民族性。尽管作为人类的需要存在一些共性，如：体育原创文化的来源差不多，即都来自于生产、娱乐，都与祭祀、宗教等活动的关系比较密切，但在观念、组织以及运动形态等方面的异质性还是比较大的。"人类在不同的生态环境中进行文化创造，同时也就创造了不同的文化价值。当这种文化价值在世代相传中一旦形成某种传统，或多少具有稳定的形态时，就会构成人类群体的特殊内在需要，从而内化为不同部落、种族的价值意识或原始价值精神"[2]。武术在其原始文化的创造过程中，在某些共同需要的驱使下，经由群体成员长期共同的社会互动，逐渐融合为一种

[1] 赵锡凌，汪军锋，党黎明.体育文化研究［M］.哈尔滨：东北林业大学出版社，2008：240.
[2] 沈雪峰，王浩春，罗力佳.体育文化研究［M］.长春：吉林大学出版社，2012：182.

群体需求和价值意识，并符合一定的特殊情感与态度。这种文化特质一经形成，一方面对内实现着行为导向、群体向心和民族整合三大功能；另一方面成为本民族区别于其他民族的显著标志。

武术作为中华民族的优秀文化，应该也可以成为人类共同的文化遗产，武术必须确立向世界扩散的战略目标。第二次世界大战后，体育场成为世界各民族、各国的主要竞技场。这种竞争的意义不只是体育的强弱说明，而是一个国家经济、政治、文化、综合国力等各方面的较量。其社会影响和政治意义远远超过了体育本身。一个民族、国家的地位强弱，不仅取决于运动会上所取得的金牌数量，而且还取决于本民族的体育项目能否成为世界竞赛项目。当今奥运会的许多项目，都来自于西方国家的体育，如：足球、篮球等。按照体育文化传播的选择性规律，武术的娱乐性特点，作为一种内部动因，一定会完成它的世界性使命。中华武术的世界化，不仅是中国民族体育发展的愿望，而且是世界体育发展的必需。

在处理冲突的问题上，对传统武术文化进行创新也是必不可少的。比如，由中国人领导的国际武联在竞技武术进入奥运会的设项问题上，就有求多贪大之嫌。方案中提出拟设男子长拳、南拳、刀术、棍术 4 项；女子长拳、太极拳、剑术、枪术 4 项。男女 8 个项目的套路共涉及了拳、刀、枪、剑、棍等小项，这样很难为西方人所接受。我们不妨学习近邻日韩的做法，日本人只把武道中的一项"柔术"通过改革创新并另名为"柔道"推入奥运会，韩国也是如此，并没有将其本土的各流派花郎道（徒）和作为格斗项目总称的"武艺"推入奥运会，也仅是将其于 1945 年后才在花郎道的基础上编创成形的跆拳道推入奥运会。如果我们以拳开路，效果是不是会好一些？太极拳、长拳、南拳已足够西方人眼花缭乱了，也容易形成武术文化最高传播的突破口。

二、中国武术文化传播的策略

（一）强化武术文化传播意识，注重武术传播理论研究

行动的先导是意识。我国武术文化传播意识的强弱将直接影响到武术文化传播的效果和武术事业的发展程度。

对于一个国家或地区，武术传播意识强就会主动传播武术，就会主动开展武术文化的学术研讨和交流活动。国家传播武术的意识强，就会提高武术传播的速度和效率，就有可能在短的时间内实现大的突破。目前在全球的体育活动中，西方的现代体育项目占据很大的优势，在这种不利的条件下，中国武术要实现较好的传播和发展，我们国家的相关部门就应该有意识地通过多媒体的宣传、武术表演的形式以及武术竞赛活动的组织，来增强人们对武术的认识和了解。采用尽可能多的途径和方式去提高我们武术文化传播的意识和能力。

注重武术文化传播理论的研究与建设，可以加快我国武术文化传播的速度与效率。我国的武术传播活动很早以前就已经出现，但相关的武术文化传播理论相对滞后，还很不成熟。

在以后的武术相关活动中，应邀请国内外的武术专家、学者以及民间武术知名人士来参加。多方吸引武术界的人士来参加武术文化传播研讨会，提供国内外武术界相互沟通的机会和渠道，来共商武术文化传播与发展对策，促进武术文化传播理念、思想和经验的交流与碰撞，以期不断丰富和完善我国武术文化传播理论。

（二）充分宣扬我国武术文化的健身功能

我国武术文化传播过程中，更多地是武术竞技的形式让人们感受到其独特的魅力，而却没有充分的挖掘与宣扬其健身与育人的价值。

武术具有健身的功能，先民已有较清醒的认识。从《管子·小匡》中记载的"有拳勇股肱之力，筋骨秀出于众者"可以看出，当时也许人们已经认识到"拳勇"与"筋骨秀出于众"具有一定的联系。从《史记·太史公自序》中记载的"非信廉仁勇，不能传兵论剑，与道同符，内可以治身，外可以应变，君子比德焉"可以看到，当时的人们对"传兵论剑"与"治身"有一定的关系也已有所认识。唐代的《开元释教录》记载的"宫中常设日百僧斋，王及夫人手自行食，斋后消食，习诸武艺"，说明"习武艺"与"消食"具有一定的关系。唐代人们还认识到角抵与健身的关系，从"七月中元节，俗好角力相扑，云秋瘴气也"的记载来看，人们已认识到"角力相扑"可以抵御"瘴气"的侵害。明清之际，武术与导引养生开始大面积的交融、融合。明代问世的《易筋经》构建起了武术功法的理论框架，辑录了丰富的武术功法，收入了促进武术功法训练成效的保障措施，并且始终沿着以增进习练者身心健康的方向不断发展。

自古以来我国武术就具有强身健体的优势和功能。武术的内容丰富，形式多样，能够适合于对运动强度、运动量有不同需求的人群选择。无论是中老年、还是青少年，无论是何种职业，都能在武林中找到适合自己兴趣和特点的项目进行锻炼。通常来说，太极拳动作徐缓而连贯，是以健身和益寿延年为主要目的而演练的拳术；八卦掌和形意拳的动作却偏向于稳重，适合于身体素质较好的青壮年练习；长拳的动作大方而舒展，并且各个动作之间的起伏、跳跃等部分的变化明显且突然，所以，有利于儿童和青少年的练习。另外，同一种拳种也应该随时根据自己身体状况和需要来合理调整运动强度以及运动量，自控性较强。武术运动对人体的锻炼非常全面。武术不是从局部的需要，专门锻炼上肢或下肢，专门训练左手或右手，而是从人的整体观出发，注重人体的内外兼修，强调从精神到肉体，由内至外，循序渐进地进行全面的修炼。因此，练习武术，有助于提高练习者的速度、力量、协调性、敏捷性以及心肺功能；有利于发展习练者的身体素质、改变习练者的身体形态、提高习练者的身体机能，促使练习者身心得到锻炼，从而达到强身健体、预防疾病的目的。

只有让人们了解武术运动的好处，武术才会更容易被大家所接受，因此要加大宣传武术文化的健身功能作用。

（三）大力彰显我国武术的文化内涵与育人价值

武术在几千年的演变中始终受到中国传统文化的熏陶和影响，因此，它具有丰富的文化内涵和很强的育人价值。

中国传统武术文化历来注重和谐，主张"协和万邦""以和为贵""和而不同"，提倡"海纳百川，有容乃大"。追求和谐美，主张和衷共济，和睦和解，这是中国武术文化的主流，也是延续中华民族人文血脉，维系武术几千年来得以发展的强大精神支柱。和谐思想已经深深地扎根于中华民族武术文化的精神血脉中，成为武术习练者的基本追求以及安身立命、为人处世的基本哲学态度。武术文化与西方体育追求更高、更快、更强，提倡竞争的文化有着截然不同的独特魅力，这也正是深得很多外国人士喜欢的重要之处。他们学习武术不但对武术的健身功能心向往之，同时也对武术丰富的文化内涵情有独钟，通过学习武术文化来了解中国的历史、哲学和文化。另外，通过长期的武术训练，能磨炼出克服困难的坚强意志，培养习武之人"自强不息"的精神。同时对中国"武德"的深入领悟，还能使习练者具有崇高的道德修养，宽厚处事，与人为善，豁达胸怀。树立尊师、爱友、团结互助的集体主义观念，达到修身养性的作用。

在我国武术文化传播的过程中，应大力彰显中国武术的文化内涵和育人价值。从而，让更多的人对武术文化有更深入的了解和认识，使他们对武术产生浓厚的兴趣，以促使我国武术文化传播有更大的进展。

（四）加强武术传播内容建设

（1）高举创新大旗，积极革新武术。文化的开放性在于文化能够不断地吸收新内容、新成分来充实和完善自身。一个民族不断进步的源泉是创新，一个国家兴旺发达的不竭动力是创新。对文化领域而言，创新是文化不断进步和发展的动力。在体育全球化的背景下，形成了错综复杂的体育文化格局。武术要想在体育文化的格局中占有一席之地，就需要不断的创新，使其富有活力，充满竞争力。武术应该抓住全球多元化相互传播、相互融合的发展机遇[1]，加强对武术文化进行整合和创新，这是武术文化发展的需求。对于武术文化的整合与创新，应该以中国民族传统文化为主体，以中国特色社会主义文化为标准[2]。在全球化时代，西方体育文化与东方体育文化的冲突以及各个国家和民族之间体育文化的碰撞日益增加。在对武术进行整合和创新的过程中，必然会遇到文化的冲突问题，要以一种理性的方式来看待。既要立足于维系传统文化，也要以海纳百川的心态对世界上其他先进体育文化的优秀成分予以吸收，来不断地丰富和完善自身体系，用以增强武术文化的影响力，在全球体育文化格局里掌握话语权。

（2）改革竞技武术竞赛体制。竞赛是促进体育运动发展的有效手段。形成于20世纪50年代的竞技武术因得益于竞赛体制的建立，迅速提高了运动技术水平，形成了标志性的文化地位，有了较为完善的国际武术竞赛体系（如东亚和东南亚运动会武术比赛、亚运会武术比赛、世界武术锦标赛等）。在以竞技武术为龙头的对外传播中，应遵循武术自身运动发展的规律，对竞技武术的比赛内容、竞赛体制、规则以及裁判法进行研究和行之有效的改革，加强培养

[1]　樊艺杰.商业化"功夫舞台剧"的传播及传统武术技术发展走向［J］.首都体育学院学报，2014（1）：22-25.

[2]　王静，宋薇等.中国武术文化认同的跨文化传播策略研究［J］.中国学校体育，2014（1）：10.

国外运动员和裁判员，提高各国的武术水平，将竞技武术竞赛体制全面推向国外。此外，在此基础上应争取尽快使武术进入奥运会，抓住东西方体育文化交融的重要渠道——奥运会，使武术借助奥运会这一平台获得新的更高的展示自我的平台，同时利用其先进的全球信息同步传播系统，快速传播竞技武术，对全世界人民产生的影响必将是巨大而深刻的。因此，以竞技武术国际传播作为先导，加快入奥进程，使竞技武术发挥引领武术国际传播的突出作用，快速提高武术的世界影响力，才可使武术获得更多的发展机遇和空间。

（五）成立武术传播机构，构建全方位、多层次的传播体系

现代社会，体育舆论宣传离不开传播媒介。通过传播媒介对体育的传播可以对人们的体育态度和行为产生一定的影响，它缩短了体育活动与社会成员之间的距离，加大了体育运动的社会覆盖面，加快了体育运动的传播速度。为了使世界上更多的人对武术有所了解并对其产生浓厚的兴趣，我国应通过报刊杂志、电影电视、广播电台向世界大力宣传和介绍武术的意义及价值，逐渐扩大其在国际体坛的影响，使其成为中国体育的象征，这样，武术的国际化前景则会更加广阔，其发展也将更具有可持续性。

武术文化传播是一个庞大而复杂的系统工程，必须要有专门的组织机构来进行统一运作和管理。成立武术文化传播机构就可以加强对武术文化传播各项工作的领导、协调与规划。武术传播机构的主要职能包括以下三个方面：（1）对武术发展的相关信息进行收集与整理，并协调各个部门之间的合作。（2）制定中国武术文化传播与发展的方针政策。（3）积极而主动地加强对国内外媒体开展武术文化传播的管理和合作。加强对各种现代传播媒介技术的有效综合利用，逐步构建和完善武术文化传播的网络，使武术打破国界的阻碍而传遍全球的每个地方。

此外，武术文化的国际传播发展要与现代科技相结合，构建全方位、多

层次的传播体系。具体措施如下：

（1）借助卫星传播的灵活性强且适用面广的特点来拓宽武术文化传播的途径。由于卫星频道的增多以及传播方式的多样化，所传播的信息可适应各个方面的需求，接受者可根据自己的兴趣、职业、所处的环境和现有条件去选择自己需要的信息，因而武术文化传播的工作者可以借助卫星传播的技术制作一系列的武术教育类的节目，通过卫星传播的方式来满足远程传播武术文化的需要，这样既可以节省人力与物力，也可以给受众更多的选择。

（2）加强学校的武术文化教育。通过在学校的体育课程中开设武术教学内容，让更多的青少年了解、认识和掌握基本的武术知识，激发他们对武术文化的兴趣。

（3）利用电视和网络开办武术空中远程学校，发展各类武术远程教学。武术文化传播可以用这一工程来补充传统的一对一或者一对多师傅教徒弟的方式。

（六）进行武术资源的产业开发以传播武术

文化产业具有传播文化的功能，文化产业的发展过程就是在消耗越来越少原材料的情况下，运用市场化运作的方式创造和传播文化产品的过程。作为文化产业的一个分支，武术产业的传播的功能也不例外。面向国际市场，对武术资源进行产业化开发，发挥其传播武术的功能是武术产业国际化的题中应有之义。从资源属性角度看，武术资源开发可以分为两大资源类型的开发，即武术人文资源和武术自然资源。武术资源就是指的这两类资源。

武术自然资源指有形的武术资源，主要包括武术胜地、武术器械、武术名家故里、武术流派发源地等。对武术自然资源进行开发，可采取武术与旅游相结合的方式，来传播武术文化。我国有着丰富的武术自然资源，例如湖北武当山、河南少林寺分别是道教和佛教圣地，又是武当武术和少林武术的发源地，极具旅游价值。对武术流派发源地、武术名胜景点、武术名家故里进行开发、创意和包装，在武术文化胜地开辟武术旅游专线，在旅程中开展武术健身活动和武术知识讲座，安排武术表演，通过学习简单的武术拳术等丰富多彩的形式，起到让人们在旅游中体验武术文化的娱乐、健身、养生、医疗和休闲的作用，亲身体悟武术文化所带来的娱乐，体验武术文化的魅力，发挥环境熏陶人的作用，让其身临其境的了解、认识和学习武术，达到"随风潜入夜，润物细无声"的传播之效。

武术人文资源是人类自身通过劳动提供的资源，主要包括武术人才、武术文化、武术技术等。利用武术人文资源的产业开发来传播武术文化。武术人文资源的开发包括：（1）武术人才资源的开发。在武术资源中，武术人才资源是最关键和最宝贵的资源，包括教练员、民间拳师、武术各流派传人、优秀武术运动员等，他们是推动武术文化传播的生力军。必须大力开发人才资源，加强对其综合素质的培训，引向国外，拓展国外武术培训市场，提供外国人学习武术的机会，拉近国外受众与武术的距离，使武术得到更加广泛、亲近的传播。（2）武术技术资源的开发。武术流派繁多、拳种丰富，武术丰富多样的技术门类是武术健身娱乐业、技能培训业、竞赛表演业、武打影视业等赖以存在发展的源源不断、取之难尽的财富。（3）武术文化资源的开发。武术根植于中国传统文化的沃土，吸取了兵学、宗教、军事、美学、中医学、伦理学和古典哲学等传统文化精髓。武术内涵型资源可资开发和利用的空间很大。例如武术伤科秘方资源和武术中的对抗谋略资源都极具开发价值，但目前做得很不够。今后要对武术文化资源进行大力开发，一来可以更好地将武术推向市场，实现经济价值，为武术的传播积累资金；二来通过打造武术文化精品，提高武术的文化品牌效应，使世人认识武术广博的文化、深邃的哲理内容，增添武术自身的文化魅力，发挥出武术文化传播的优势。

（七）官方政策支持武术文化传播

在文化的传播过程中，国家公信力的代表就是政府。政府拥有绝对的权威，其扮演的角色很重要。因此在武术文化传播的实践中，需要政府的参与以及政策、制度的支持。对于文化交流活动来说，政府适时的制度安排有着不可忽视的重要作用。我国政府可以制定相关的政策，把中国武术文化，如武当山文化、少林寺文化等，与民间文艺相捆绑，以举办文化年、文化节的方式，弘扬和传播中国武术文化。

此外，在文化交流的过程中，应该对民间传播行为给予充分的重视，因为文化植根于民间，通过民间的传播更贴近文化，更能保持文化的原汁原味。在文化传播过程中，政府的制度安排和政策支持可以为武术文化传播行为提供制度保证，更好地促进文化交流的广度和深度。众所周知，中国武术扎根于民间，民间的传播行为是武术文化传播的主力军，但是民间的传播行为需要政府的支持以及帮助，尤其是对武术组织机构的管理。

此外，在武术文化进行国际化传播的时候，政府机构在把武术有条不紊地推向世界的同时，要积极地制定相应的配套政策，逐渐地完善全球各个国际和地区的孔子学院、武术协会、民间的武术组织之间的合作机制，广泛开展形式多样、内容丰富的武术文化交流活动，借助官方传播优势，同时结合民间武术文化传播原生态的优势，共同促进武术文化国际化传播进程。在政府政策和制度的支持下，武术与民间文艺结伴而行，再加之官方传播与民间传播的齐心合力，武术文化传播定会在文化交流的时空里谱写新篇章，开创新局面。

第七章　探索中国武术文化的国际传播

第一节　中国武术文化的国际传播

一、武术文化国际传播史

（一）中国古代武术文化的国际传播

史料表明，在秦朝时期就有大批中国人移居到了日本。因此，就有人推测，"中国古代武术可能在这时开始向日本传播"。

汉代的统治阶级将目光转向更远的世界，将传播活动由国内拓展到对外交流，汉武帝建元三年（公元前 138 年），张骞出使西域揭开了中国传播史上对外传播的第一页。加上丝绸之路的开通，中国与四周邻国的文化交流开始加强，成为"中国历史上大规模的国际文化传播、交流的开端"[1]。

汉代时期，中国武术文化随中国和日本之间文化交流开始传播至日本。《后汉书·东夷传》曰："楼在东南大海中，依山岛而居，凡百余国。"此时，汉代的刀传到日本，日本女王在魏明帝景初二年（公元 226 年）派使臣来魏国同好，魏国回报的礼品中就有"五尺刀两口"。

---

［1］ 李敬一.中国传播史论［M］.武汉：武汉大学出版社，2003：148.

据考古发现，日本大和时代（3—7 世纪）已经流行角抵活动，在日本和歌山县井边八幡山等古墓中，均发现了随葬用的角抵力士用的工具。从角抵者的装饰来看，与汉代中国角抵活动的资料特征完全一致。因此，有人认为日本的这类角抵活动同中国的角抵有密切关系，"很可能是在'角力'随中国移民东渡后发展起来的"[1]。

隋唐时期，日本积极吸收唐代文化。公元 777 年，日本奈良在唐朝的留学生吉备真备将中国的一些箭和弓等带回日本，从而了解学习中国的射艺。

古代中国武术文化国际传播第二个较为活跃的历史时期就是明朝时期。戚继光在抗倭斗争过程中，学习了日本的刀法，并将之揉合到军事武术中，提高了军队的战斗力。同时，中国武术对日本的柔道和空手道等武技的影响也较为深远。

乾隆年间，大批的欧洲传教士来到中国，他们不仅传播了天主教，还介绍了西方的科学技术。据统计，至 1664 年全国大小教堂已有 366 座以上，而全国教友的人数已发展到 255180 人之多。在西学东渐的同时，他们也将中国介绍到西方，形成中学西传。此时，中国武术、道家的行气胎息之功，就被传教士名之为"功夫"介绍到欧洲。

（二）近代中国武术文化的国际传播

近代中国武术文化的国际传播是指清末至新中国成立这一时期内的武术文化国际传播。中央国术馆和精武体育会在继承、发展和推动武术在世界上传播等方面发挥了重要作用。"中央国术馆是政府教育机构"[2]，是官方传播的

---

[1]　谷世权.中国体育史［M］.北京：北京体育大学出版社，1997：122.

[2]　中国武术百科全书编纂委员会编.中国武术百科全书［M］.北京：中国大百科全书出版社，1998：618.

主要渠道。"精武体育会是一个民间体育社团"[1]，是民间传播的主要渠道。中国人开始重视武术文化国际传播，但受抗日战争、国内战争以及第二次世界大战影响，这些理想的实现是不可能的。

（三）现代中国武术文化的国际传播

新中国成立至"文化大革命"结束这一段时间，中国武术文化国际传播趋于销声匿迹。但是国外武术文化的传播活动并未停止，仍在缓慢传播之中。新加坡于1967年举办了第一届东南亚国家国术擂台邀请赛，之后，又举办过两次。随着亚洲经济的快速发展，中西方之间的交流更为频繁，很多亚洲人，开始移居欧美地区的国家谋生，为武术文化的快速传播奠定了基础。1960年，中国武术队赴捷克斯洛伐克进行表演，这是新中国成立后，中国武术首次在国外表演。同年底，在周恩来总理的率领下又赴缅甸表演访问。接下来的几年里由于"文化大革命"的影响，武术队外访活动中止了下来。

20世纪70年代末，我国开始对外开放，经济发展迅速，政治地位在世界上有显著提高。1982年，新中国成立以来的第一次全国武术工作会议召开，会上提出了"积极稳步地把武术推向世界"的发展方针。从此，中国武术文化的国际传播翻开了新的历史一页。

二、武术文化国际传播主体

（一）政府

政府是国家行政机关，是国家权力的执行机构，对国家事务行使管理、监督、指导、服务、保卫等方面的职能。由于政府具有特殊的地位，在国际

---

[1] 张选惠.从历届世界武术锦标赛看武术国际化发展趋势［M］，成都体育学院学报，2003（2）32—39.

传播中，它始终是主导性的传播者，即所谓"强势主体"。

在很长一段时间里，由传统媒体的性质所决定，从事武术文化国际传播的主体只能是国家（政府）或国际机构，政府以外的其他机构、团体和个人均无法形成对这个过程的主导与控制。即便在今天，在某些国家的某些特殊发展阶段上（如战争、政权更迭等）以及一些处于舆论高度控制下的国家中，政府仍然是唯一的对外传播主体。

正因为武术文化国际传播长期由政府主导，与国家主权、国家利益密切相关，它才带有浓重的政治色彩。多元化的传播主体出现以后，尽管政府作为国际传播主体的强势地位受到挑战，但在诸多传播主体中，它仍然处于主导地位，并对其他主体的传播行为实施着把关控制。

然而，伴随着武术文化国际传播媒体的商业化大整合以及经济全球一体化趋势的加强，受经济利益的驱动，公司和企业加入到国际传播的行列。尤其是那些有着雄厚资金和技术优势的跨国媒体，把目光由已经饱和的国内市场转向国际市场，进行带有商业目的的国际传播。

进入20世纪80年代，随着互联网络、电子媒体的出现，信息传播不再需要借助人力中转，传播速度大为加快，尤其是卫星电视的出现，使武术文化国际传播发生了根本性的变化。这一时期，各国政府参与国际传播的自主意识也越来越强，卫星电视利用空间技术突破了地域阻隔，实现了国际信息的同步化和无障碍化传播，使得世界范围内的传播屏障越来越小，融入世界信息一体化潮流的国家越来越多。

需要说明的是，无论是传统媒体时代还是互联网普及的今天，政府作为国际传播的基本主体的地位并未发生任何改变，因为武术文化国际传播往往涉及国与国之间的关系，在这些传播主体中，只有政府的信息能够通过大众传媒直接向外传播，而其他社会组织或个人都是在国家的主体框架下开展其国际传播活动。

（二）企业

企业是营利性的社会组织。受经济利益的驱动，企业在征服国内市场的同时，它必然要开辟国际市场，向外输出自己的产品、服务或技术。在此过程中，企业自然就会产生对外推销产品、服务，进行广告、公关宣传的需要，也就是武术文化国际传播的需要。

从企业参与武术文化国际传播的历史走向看，企业国际传播主体经历了由国内企业向跨国公司的演进、发展过程。最初是随着生产力水平的提高，国内企业开始参与国际分工，面向世界市场，这些企业也就成为最早的国际传播主体。

随着全球经济一体化的形成和世界市场的进一步扩大，出现了专门从事国际贸易活动的跨国公司。跨国公司本身就是超越国界的，它的传播活动体现出多重目的相互混合的特点，其传播行为掺杂着政治和商业双重目的。

从目前的情况看，国内公司的跨国经营、贸易活动正在进一步扩大，跨国公司的数量也在不断增长。与此相应，企业作为武术文化国际传播主体的传播需求也会越来越大。

（三）个人

早期的个人参与是以人际传播的形式进行的。传统媒体条件下，个人也可以参与国际传播过程，但是由于媒体机构受控于政府，个人尚不能成为国际传播的主体。

进入 21 世纪，互联网创造了全新的、没有中心和强权的信息空间，任何人无须经过政府机构的批准、检查，就可以在网络上制作他人能够阅读到的网页，或者通过电子邮件、新闻组、网上论坛、电子公告栏等各种方式向众多网民传播信息。

二、武术文化国际传播的成果

1982 年 12 月在北京，国家体委召开了第一次全国武术工作会议，会上明确提出"要积极稳步地把武术推向世界"。以此为肇端，在官方的大力推动下，武术作为中国传统文化的代表，走向了国际传播的快车道。自此，武术文化的国际传播呈现出一派气象万千的图景。

短短 30 多年间，在中西文化的接触与碰撞中，武术文化的国际传播将武术从神秘中释放出来，将民族文化献给世界的同时，也渐渐融入世界体育文化之中。其中，最为显著的成果是国际武术联合会于 1990 年 10 月成立。目前，亚洲、美洲、欧洲和大洋洲都已经建立了洲际武术组织，国际武联也先后被国际单项体育联合会和国际奥委会承认和接纳。同样令人瞩目的还有亚洲武术联合会于 1987 年在日本的成立，并且成功举办了第一届亚洲武术锦标赛，1990 年武术以正式比赛项目亮相北京亚运会，跨出了从单项国际比赛成为国际综合性运动会比赛项目的重要一步。在国际武术联合会和洲际武术组织的领导下，开始定期举行以竞技武术为内容的武术竞赛活动，同时国际武联的会员国数量也逐渐增多。

这些成果显示出，武术文化的国际传播已经摆脱了发展的无序化，通过实行一套相应的运作机制以及建立组织机构，向着组织化、系统化、规范化的道路递进。内容复杂、风格各异、体系庞大的中华武术已在世界的瞩目下整合化、精炼化，由一种充满十足民族文化特质的身体运动，逐渐演变为一种满足世界体育运动要求的规范性体育运动项目，武术已经在世界文化的土壤中落地生根，蓬勃发展。

三、武术文化国际传播的意义

（一）武术文化国际传播对中国自身的意义

（1）武术文化是和谐文化的集中体现，武术文化的国际传播将民族文化也推向国际范畴。武术文化的和谐特质本质就是在于"道"，"天人合一"就是其价值指向，即在武术文化的思维模式与实践中追求人与自然、人与社会、人与人之间以及人内心与行为的高度和谐和统一。武术文化的国际传播既是武术招式的传播也是文化的传播，而武术中所含有的和谐文化也随着武术文化的国际化而走向国际，为我国民族文化的传播作出了贡献。

（2）武术文化是凝聚中华儿女和世界人民的精神纽带，同时也是提高民族形象的一个表征。武术正在成为一个世界范围的文化，武术文化不仅是民族的也是世界的，不仅凝聚了中华儿女，也是凝聚世界人民的纽带。武术文化是铭刻在海外华人身上的一种鲜明的民族文化特征，无论是在世界上的哪个角落，只要有华人的地方就有这一民族特征。这也正是体现了传统文化的独特魅力；并且武术文化作为载体，唤起了海外华人的民族归属感和认同感，对海外华人来说是极具凝聚力的。武术中蕴含的丰富的、深邃的文化内涵，也是世界各国、各民族认识中华文化的窗口。

（二）武术文化国际传播对国际文化发展的意义

（1）武术文化的传播，推动了世界文明的进步。武术文化是中华民族文化中的一朵奇葩，被誉为国之瑰宝的武术博大精深、源远流长，现代文明之下，武术已发展成为一项内容丰富、自成体系的体育运动项目，而且不断推向世界，被世界各国人民所接纳和喜爱。这正是将传统文化与西方文化融合的契机，武术文化的国际传播正是东西方文化交流的最好传播媒介。武术扎根于中国传统文化，多方的融合世界各方文化，去其糟粕，取其精华，是世界文化融合的创新。

（2）武术文化对世界体育的影响深远。在漫长的历史中，武术文化常是作为一种高雅文化以及体育教育现象存在和发展的，具有鲜明的文化内涵和民族特色，不仅是民族文化遗产也是世界人民所喜爱的文化形式，而且武术文化也对世界体育文化产生了积极的影响。一些国家的拳术就是受到了中国武术的影响或是源于中国，如韩国的跆拳道就是结合了武术，加以改进；日本的柔道吸纳了中国武术多个门派的长处，加工整理以及改进之后创立；空手道最早也是源于武术；泰国的泰拳也受到了中国古代技击的影响。

（3）武术文化对西方医疗保健、健身观念有积极影响。武术文化的独特魅力不仅在于其体用兼备、内容丰富，而且在于它蕴含了中国深刻的哲学思想。例如，武术中崇尚的内外合一、刚柔并济、虚实分明等，都将两个对立的矛盾面统一化，再将其运用到人的保健和养身中去，现在这样的武术方式也为很多西方治疗家所借鉴。

第二节　中国武术文化国际传播策略

一、武术文化国际传播的影响因素

武术文化国际传播作为社会大系统的子系统，无时无刻地受到外部社会环境因素和传播系统内部诸因素的影响与制约，从而影响武术文化传播的顺利进行。探明这一点是武术文化国际传播研究的出发点和落脚点，也是制定武术文化国际传播对策的关键所在。综合有关专家研究资料，关于武术文化国际传播的影响因素有两个方面的。

（一）从外在社会环境分析武术文化国际传播的影响因素

首先，完善的武术制度的建立，对于规范武术文化国际传播行为，指引武术文化国际传播方向必不可少。

其次，经济也是一种重要的社会环境要素。武术文化国际传播作为跨文化交流的一种形式，必须以雄厚的物质经济基础作为支撑。对于国外受众来讲，不同国家的经济状况决定的收入水平是影响武术消费能力的重要因素，这也会对武术文化国际传播造成一定程度上的制约。

最后，组织环境、心理环境等因素也是影响武术文化国际传播的重要因素。武术主管部门要站在全局的高度，积极关注国际社会大环境，对有利因素进行有效利用，制定武术文化国际发展规划及其战略。

（二）从武术国际传播系统内部探索影响因素

相对于外部的影响因素，对武术文化国际传播系统内部因素的探索则更有意义。大部分学者在分析武术文化国际传播系统内部影响因素时，选取了武术文化传播者、传播内容、传播渠道和传播对象四个主要环节。它们都对武术文化的国际传播产生有利或有害的影响。在武术文化传播过程中，由于传播者与接受者的文化背景并不同，所形成的体育价值观也不同，因此，体育价值观的不同是影响武术文化国际化传播效果的核心因素。因而，应认识到中西体育价值观差异的存在，并对这种差异予以尊重，不能厚此薄彼，有尊卑之分。在方法上，既要采用现代方式、手段进行传播，又要按照传统的习惯方法去弘扬武术文化。这样才能使古老的武术文化重新焕发青春，走向世界，造福人类。

二、武术文化国际传播存在的问题

（一）当前武术文化国际传播的传播者存在的问题

武术文化国际传播者主要包括传播个人和传播组织。武术个人传播是以民间力量为主，其技术能力、文化水平参差不齐，且民间武术文化传播者受中国传统思想影响较深，受"门派保护"思想的影响，这些也直接影响武术文化传播质量。武术文化国际传播的最主要传播组织就是政府机构，由于我国竞技体育实行举国体制，中国一些武术发展机制与国际组织发展机制之间存在较大差异，如裁判选调制度、运动员梯队选拔制度以及比赛评分制度等，这些都成为武术文化国际传播的主要障碍；国际各武术单项组织也由于组织管理等方面的原因，在发展会员、举行武术竞赛方面力度不大，导致武术发展很不平衡，这些因素对武术文化的国际传播也造成了很大的影响。

（二）武术文化国际传播媒介不合理

一般来说，武术以套路向外推广为主，但是对武术的攻防含义、武术礼仪以及武术文化内涵等武术本质内涵的宣传推广有所忽略，这大大降低了武术的文化魅力。现代全球化进程的日益加快，在日常生活中网络已经成为一种不可或缺的媒介。然而武术文化的传播对媒介的使用也跟不上时代的步伐，武术网站信息量不多，访问量少，内容单一，并且外语版武术网站也寥寥无几。武术文化国际传播媒介所使用的语言也存在很多问题，如武术英语术语并没有统一的表达方式，外文版的武术教科书、书籍也很少，等等。

（三）武术文化国际传播方式落后

武术文化国际传播方式应该是多种多样，不同时期采取的国际传播方式是不同的。但目前武术文化国际传播方式仅限于武术明星、武侠电影的影响力和武术竞赛等。而且这几年武术电影的水平也在大幅下降，功夫影星也出现青黄不接的现象，这些因素对武术文化国际传播质量也有着直接的影响。由于武术自身发展的问题（如竞赛规则问题）和"奥运瘦身"的影响，短期内武术很难进入奥运会，武术文化的国际传播方式也受到很大影响。

三、武术文化国际传播的策略

（一）转换武术文化国际传播的理念

1.建构国家形象

国家形象是指在"特定国家的外部国际公众通过复杂的心理过滤机制，对该国的客观现实形成的具有较强概括性、相对稳定性的主观印象"[1]。

然而，中国武术国际传播30多年以来，无论从推广形式、推广内容上，还是理念传播方面，都没有站在国家的立场上，传播武术文化的符号价值，塑造中国特有的国家形象，从而对武术文化国际传播的效果也形成了制约，弱化了武术在国家文化走出去战略中的地位。因此，要站在国家的立场上，利用武术这个文化载体，讲述中国人的处事原则以及生活态度，阐释武术文化中所蕴含的深层价值理念，塑造亲和、柔性、智慧的大国形象，对今天的武术文化国际传播至关重要。

2.应坚守民族文化立场

立场即"认识和处理问题时所处的地位和所抱的态度""立场的丧失，是当代中国知识界、文化艺术界最为严重的问题"[2]。武术作为中国文化的重要载体，受西方体育文化的巨大冲击，也遭遇了文化立场丧失的境遇，使武术的文化身份变得模糊不清甚至被改写，民族文化特色消失，甚至是被西方文

［1］ 吴友富.中国国家形象的塑造和传播［M］.上海：复旦大学出版社，2009：4.

［2］ 曾来德，王民德.书法的立场———一场没有终结的对话［M］.北京：北京大学出版社，2008：78.

化同化。因此，武术文化的国际传播应该坚守民族文化立场，应体现民族文化特色，体现中国文化身份的民族文化，实现民族文化自觉。

3.打造强符号的文化元素

在今天的文化国际传播中，符号价值日益凸显，通过符号对信息进行传递与强化，成为国际传播的重要途径。然而符号的价值不在于数量，而在于表情达意的鲜明性、代表性、突出性、巧妙性、智慧性，在于被改变、被强调、甚至被颠覆的传播过程。只有在这个过程中，强符号才能产生并发挥作用。所以，对于武术文化的国际传播而言，由于武术的博大精深，内容的纷繁复杂、丰富多样甚至是良莠不齐等特性，使武术文化国际传播在符号形成上、内容选择上面临的问题很多很大，严重影响了符号的形成以及符号的价值。因此，今天的武术文化国际传播，必须考虑从众多的武术文化符号中，选取具有代表性的、独特性的、持久性的强符号，强化武术的文化独特性，打造武术文化品牌。

（二）注重武术精神的宣扬

中国武者从古至今就有"尚武崇德"的良好品质，久之形成了武德，使武术文化得以源远流长。武术文化的核心就是"尚武崇德"理念。"尚武崇德"的理念在长期的历史积淀、改造和传承的过程中，已经同人们的思维模式、生活方式、行为标准、审美情趣及风俗习惯融为一体。"尚武"主要指倡导参与武术锻炼，以求强身健体，培养面对现实的竞争能力以及自强不息的意志，意在体现武术的健身价值；"崇德"指推崇道德修养，做到谦和忍让，见义勇为，诚信正直，遵守社会公德，旨在弘扬中国传统文化，发挥武德在社会道德建设中的作用。这种以传统伦理道德为母体的武德有着取之不尽用之不竭的精神值得人们学习。我们在向国际大力推广武术健身功能的同时，更应该把中华武术精神，即根基于"厚德载物"民族精神的中华武德注入到当代竞技体育中，使之更加健康的发展，同时也令人们对武术能够理解得更深刻，明白它的教育价值以及精神实质。

21世纪世界文明的主旋律是在和谐中求发展。全新的时代背景也昭示着21世纪武术精神的新趋向——继续发扬"自强不息"的"尚武精神"的同时，更加注重"厚德载物"的"武德精神"，将注重"和谐"的文化特色摆在突出位置。

（三）树立市场细分思想

20世纪50年代中期，美国市场学家温德尔·史密斯（Wendell Smith）提出了市场细分的概念。

所谓市场细分是指把全球看成一个大市场，按照消费者需求与欲望将其划分为若干具有共同特征的子市场的过程。市场细分是包含许多变量的多元化过程，受到多种因素的影响，如人口、地理、消费心理和行为等。以这些因素为标志有人口细分、地理细分、心理细分、行为细分四种市场细分的基本形式。市场细分本来是企业营销的策略，但同样适用于武术文化国际传播。市场细分思想的树立，可以避免武术文化国际传播的国家或地区定位过于笼统之弊，划分优先选择传播的地域。可以按照国家的政治、文化、经济等诸方面作为标准，将国际传播的受众大致分为发展中国家受众和发达国家受众。

发达国家的受众大多数在西方，西方体育文化处于强势地位，武术文化国际传播的关键主要是中西体育文化碰撞和文化交融的问题，这决定了武术国际传播所针对的重点地区应该是西方大国，重点传播对象也应该是西方国家的主流群体，这便于集中现有的人力、财力、物力在一定地域和时间形成武术文化传播的优势，提高效率。因此，武术文化国际传播要树立正确的指导方针，根据受众群体的不同，按照内外有别等原则，向世界各国传播武术文化的同时，应有所侧重，优选选择武术所要传播的国家和地区，将武术进入西方国家主流社会作为重中之重。

在武术传播内容的选择、武术资源的配置和武术传播方式的改进等方面，加大对西方主流社会的投入力度，扩大武术文化的影响力，逐渐形成武术文化国际传播优势地区，然后以其为中心，发挥对其他国家或地区的辐射带动作用。

参考文献

［1］支川.中华武术文化概论［M］.北京：清华大学出版社，2016.

［2］刘峻骧.武术文化与修身［M］.北京：中央编译出版社，2008.

［3］温力.武术与武术文化［M］.北京：人民体育出版社，2009.

［4］邱丕相等.武术文化传承与教育研究［M］.北京：高等教育出版社，2011.

［5］王岗.中国武术文化要义［M］.太原：山西科技出版社，2009.

［6］王庆丰，何柳泓，李正恩.传统武术文化与健身［M］.北京：中国商务出版社，2010.

［7］邱丕相.中国武术文化散论［M］.上海：上海人民出版社，2007.

［8］于志钧.中国传统武术史［M］.北京：中国人民大学出版社，2006.

［9］蔡仲林，周之华.武术［M］.北京：高等教育出版社，2009.

［10］席建平，马宏霞.武术［M］.北京：化学工业出版社，2016.

［11］李远伟，蔡建.武术［M］.西安：西安交通大学出版社，2014.

［12］蒋剑民，黄一棉.武术［M］.合肥：黄山书社，2014.

［13］邱丕相.武术初阶［M］.上海：上海教育出版社，2012.

［14］陈心平，厉金伟，周清泉.中华武术概论［M］.杭州：杭州出版社，2005.

［15］余学农，苏剑明.武术［M］.昆明：云南大学出版社，2007.

［16］康戈武.中国武术实用大全［M］.北京：中华书局，2014.

［17］全国体育学院教材委员会.武术理论基础［M］.北京：人民体育出版社，2011.

［18］江百龙.武术运动丛论［M］.武汉：湖北科学技术出版社，2009.

［19］汪晓鸣.我国传统武术发展及其研究［M］.北京：中国原子能出版社，2015.

［20］胡勇刚.武术的发展与文化传承［M］.北京：光明日报出版社，2014.

［21］孙瑜，汪广磊，祝杨.中华传统武术发展研究［M］.上海：上海交通大学出版社，2014.

［22］王建华，高嵘.学校武术［M］.北京：北京体育大学出版社，2006.

［23］任海.中国古代武术［M］.北京：中国国际广播出版社，2011.

［24］刘树军.传统武德及其价值重建［M］.长沙：中南大学出版社，2007.

［25］栗胜夫，李富刚，刘海科.中华武术发展论［M］.北京：人民体育出版社，2011.

［26］王俊.中国古代武术［M］.北京：中国商业出版社，2015.

［27］邓在红，迟月荃.探秘武术流源［M］.合肥：安徽文艺出版社，2013.

［28］尹洪兰.近代中国武术的转型研究［M］.沈阳：东北大学出版社，2016.

［29］林小美等.清末民初中国武术文化发展研究［M］.杭州：浙江大学出版社，2012.

［30］国家新课程教学策略研究组.中国武术史话［M］.呼和浩特：远方出版社，2009.

［31］曹云.中国武术传承与发展研究［M］.长春：东北师范大学出版社，2011.

［32］周建新.中国武术传承与发展的文化阐释［M］.南京：河海大学出版社，2013.

［33］栗胜夫.中华武术的传承与发展［M］.北京：人民体育出版社，2012.

［34］王岗，吴松."大武术观"视域下的中国武术发展路径研究［J］.北京体育大学学报，2013（09）.

［35］郭玉成，李守培.体育强国视域下的武术发展方略［J］.上海体育学院学报，2012（02）.

［36］邱丕相，曾天雪，刘树军.武术发展的国际化方略［J］.上海体育学院学报，2010（04）.

［37］关博，杨兆山.武术教育的文化性探析［J］.体育与科学，2014（03）.

［38］赵进.武术文化传承与发展式微的社会学分析:基于中、日、韩的跨文化比较［J］.首都体育学院学报，2012（01）.

［39］李吉远，谢业雷."文化生态"视阈下传统武术的传承与保护［J］.西安体育学院学报，2009（02）.

［40］次春雷.武术教育文化传承研究［J］.山东体育学院学报，2012（01）.

［41］范铜钢，郭玉成.论武术文化传承的层次空间、时代困境与未来走向［J］.成都体育学院学报，2016（01）.

［42］曾桓辉.文化自觉视阈下武术传承方式的反思与整合［J］.广州体育学院学报，2010（06）.

［43］洪浩，胡继云.文化安全:传统武术传承人保护的新视阈［J］.武汉体育学院学报，2010（06）.

［44］张山坡，崔浩澜，牛胜男.中国传统武术文化在高校传承与发展探析［J］.中华武术（研究），2014（07）.